lonely planet

MILAN

EN QUELQUES JOURS

PAULA HARDY

Sommaire

Préparer son séjour

Bienvenue à Milan 4
Les incontournables 6
Se restaurer 10
Prendre un verre et faire la fête 12
Shopping 14
Art 16
Architecture 18
Histoire 19
Design 20
Avec des enfants 21
Milan en 4 jours 22
Les basiques 24
Les quartiers de Milan ... 26

Première boutique Prada

Explorer Milan 29

Duomo et San Babila 31

Quadrilatero d'Oro et Giardini Pubblici 49

Brera et Parco Sempione 69

Porta Garibaldi et Isola .. 85

Corso Magenta et Sant'Ambrogio 97

Navigli 111

Porta Romana et Porta Vittoria 125

Vaut le détour

Îles Borromées 134

Côme 138

Carnet pratique 145

Avant de partir 146

Arriver à Milan 147

Comment circuler 149

Infos pratiques 150

Langue 153

Coups de projecteur

Duomo 32

Museo del Novecento 36

Museo Poldi Pezzoli 50

Castello Sforzesco 70

Pinacoteca di Brera 72

La Cène 98

Museo Nazionale Scienza e Tecnologia 100

AVERTISSEMENT

Au moment où nous terminions l'édition de ce guide, la pandémie de Covid-19 impactait fortement le monde du voyage. Les informations que vous trouverez dans cet ouvrage sont donc susceptibles de changements.

Renseignez-vous bien avant votre départ car la situation aura probablement évolué quand vous préparerez votre voyage.

Bienvenue à Milan

Ville italienne tournée vers le futur, Milan a su ériger la créativité en commerce florissant. Design avant-gardiste, restaurants innovants et défilés de passants à l'allure digne de la Fashion Week : dans cette métropole palpitante et divertissante règnent une inventivité et une ambition contagieuses. Bien loin de l'Italie méridionale de la *mamma*, les Milanais épousent – à l'instar des New-Yorkais – un modernisme vivifiant, dont la première devise n'est pas l'euro, mais l'inspiration.

Duomo (p. 32)
ALAN SMITHERS/ADOBE STOCK ©

Les incontournables

Le Duomo

Sa façade intemporelle en marbre et sa forêt de flèches et de pinacles perçant le ciel font de la splendide cathédrale gothique de Milan un véritable musée de sculptures en plein air. **p. 32**

SHINKAJI/SHUTTERSTOCK ©

YURI TURKOV/SHUTTERSTOCK ©

La Cène

Épargnée par les bombardements alliés grâce à des sacs de sable, *La Cène* (*Il Cenacolo*) de Léonard de Vinci est l'un des tableaux les plus célèbres du monde. **p. 98**

PAOLO BONA/SHUTTERSTOCK ©

La Pinacoteca di Brera

Fondée au XVIIIe siècle, la pinacothèque recèle une collection de toiles de vieux maîtres, de Titien à Véronèse, et de Bellini au Caravage. **p. 72**

CLAUDIO DIVIZIA/SHUTTERSTOCK ©

Le Museo del Novecento

L'extraordinaire collection milanaise d'art du XXe siècle occupe un édifice austère de l'époque fasciste, le Palazzo dell'Arengario.
p. 36

Le Castello Sforzesco

Ancienne demeure des ducs de Milan, le château des Sforza, l'une des plus grandes citadelles d'Europe, héberge les musées municipaux. **p. 70**

CATARINA BELOVA/SHUTTERSTOCK ©

LESTERTAIR/SHUTTERSTOCK ©

Le Museo Poldi Pezzoli

Les appartements à la décoration du XIXe siècle de Poldi Pezzoli offrent une plongée unique dans l'âge d'or du mécénat. **p. 50**

Les îles Borromées

Dans la partie la plus belle du lac Majeur, les îles Borromées abritent les palais spectaculaires de la famille Borromeo. **p. 134**

ANTON IVANOV/SHUTTERSTOCK ©

VIKTOR GLADKOV/SHUTTERSTOCK ©

Le Museo Nazionale Scienza e Tecnologia

Consacré à Léonard de Vinci, le meilleur musée scientifique d'Italie se trouve dans un monastère olivétain du XVIe siècle. **p. 100**

Se restaurer

À Milan, le monde de la restauration est semblable à celui de la mode : les nouveaux arrivants font débat, et les tables étoilées sont difficiles à obtenir. La cuisine milanaise se nourrit d'influences françaises et autrichiennes, mais aussi d'une profusion de menus régionaux ou exotiques. Réservation conseillée du vendredi au dimanche.

Histoire culinaire

La cuisine du nord de l'Italie prend ses racines dans l'une des cultures urbaines les plus riches de la planète. Les paysans qui besognaient au champ pouvaient rarement s'offrir autre chose qu'ail des ours, légumes et polenta. Ceux qui savaient cuisiner les ingrédients toujours plus abondants du pays vivaient dans des villes riches comme Milan. Alors que marins vénitiens et génois déchargeaient épices, sucre et fruits venus de Méditerranée, des négociants les distribuaient via le réseau fluvial de l'Italie septentrionale. Des clans puissants (tels que les Sforza, à Milan) se disputaient les bénéfices de ce marché au moyen de taxes, et en parrainant les meilleurs cuisiniers. C'est dans cette ambiance de commerce concurrentiel que naquit la grande cuisine italienne.

Saveurs étrangères

Des générations d'immigrants venus du reste du pays ont mis la cuisine italienne, toutes régions confondues, au centre de la vie milanaise : sur les cartes, des plats génois, piémontais et toscans côtoient souvent les classiques lombards. Les habitudes culinaires à Milan se font en outre l'écho d'une population de plus en plus diverse. Fait étonnant pour une ville italienne, les restaurants chinois et japonais sont répandus, et les cuisines indienne, moyen-orientale, subsaharienne et (plus récemment) latino-américaine sont toutes représentées.

KOKOPHOTOS/SHUTTERSTOCK ©

Milanais

Ratanà Un chef du cru mitonne une cuisine locale parmi les meilleures de la ville. (p. 90)

Latteria di San Marco Affaire familiale qui prépare des plats milanais maison. (p. 79)

Trattoria Milanese Restaurant à l'ancienne, situé dans une jolie rue pavée. (p. 42)

Luini Les plus vieux *panzerotti* (chaussons salés) à emporter de Milan. (p. 41)

Régions d'Italie

Ristorante da Giacomo Classiques toscans à base de produits de la mer dans un lieu élégant, dessiné par Mongiardino. (p. 131)

A Santa Lucia Adresse napolitaine d'importance historique. (p. 41)

Volemose Bene Goûtez les saisissantes saveurs du Sud dans cette trattoria romaine remuante. (p. 79)

Trattoria del Pescatore Cuisine sarde extraordinaire, avec le meilleur homard de la ville. (p. 128)

Exotiques

Basara Cuisine japonaise raffinée avec de délicieuses spécialités de poisson cru (suchis et sashimis). (p. 116)

Casa Ramen Super Des *ramen* réinventés à l'italienne, mais fidèles à l'esprit du plat. (p. 89)

Dim Sum Cuisine chinoise avec ingrédients lombards à l'honneur. (p. 59)

NÚN Version réinventée et gastronomique de l'humble kebab du Moyen-Orient. (p. 57)

Étoilés au guide Michelin

Ristorante Berton Cuisine italienne "évoluée", repoussant les frontières de cet art. (p. 90)

Seta Une des tables les plus mentionnées en ville. (p. 79)

Cracco *Alta cucina* déconstruite par le plus célèbre chef de Milan. (photo ci-dessus ; p. 42)

VIVA Adresse contemporaine séduisante de Viviana Varese, située dans le magasin phare d'Eataly. (p. 92)

Prendre un verre et faire la fête

Sortir prendre un verre à Milan est avant tout l'occasion de se montrer et de faire bella figura *("bonne figure"). Ouverts jusqu'à 2h, les bars à cocktails et à vins abondent, surtout près des Navigli, à Porta Romana et Isola. Le guide bimensuel Zero (zero.eu/milano) vous renseignera, tout comme le site 2night (2night.it/milano/).*

Apéritif

Ailleurs dans le monde, *happy hour* peut être synonyme de pintes au rabais et de chips éventées, mais pas dans cette ville de grande classe. Rituel durant 2 à 3 heures, l'*aperitivo* du soir commence à 18h environ : pour 8 à 20 €, cocktail, verre de vin ou bière accompagnent un buffet à volonté comprenant *bruschette*, *focaccie*, charcuterie, salades, et mêmes pâtes et produits de la mer (vous paierez parfois à l'avance un tarif généralement semblable qui comprend les couverts, une boisson et le buffet). Ces buffets sont en libre-service, mais l'on servira parfois les en-cas à votre table. La plupart des bars de la ville proposent des *aperitivi* sous diverses formes.

Cocktails

Mag Cafè Cocktails créatifs élaborés dans une ambiance rappelant celle des bars clandestins. (p. 119)

Bar Rita Bar à cocktails à l'américaine servant de grands classiques relevés d'une pointe d'originalité. (p. 118)

Bamboo Bar Meilleur bar design de la ville. (p. 60)

Bar Basso Institution à Milan, et berceau du Negroni *sbagliato*. (p. 61)

Octavius Bar Cocktails supérieurs, servis par un mixologue déjà élu barman de l'année. (p. 93)

Botanical Club Superbes cocktails à base de gin dans la première microdistillerie milanaise. (p. 93)

Cafés historiques

Pasticceria Marchesi Sous ce plafond peint historique, on sert café et gâteaux sans pareil depuis 1824. (p. 105)

Pasticceria Cova Plus vieux café de Milan, ouvert en 1817 par Antonio Cova, soldat napoléonien. (p. 53)

TAREK MUSTAFA/ALAMY STOCK PHOTO ©

Gattullo Café parfait et douceurs de Joseph Gattullo, ambassadeur de la pâtisserie du Sud. (p. 113)

Pasticceria Cucchi Décor des années 1930 et tarte aux framboises à se damner. (p. 116)

Sant'Ambroeus Ouvert par des pâtissiers français durant la Belle Époque et célèbre pour ses pralines. (p. 61)

Bars à vins

Cantine Isola Vin de producteurs haut de gamme au verre, chose rare à Milan. (p. 92)

Vinoir Équipe jeune, et intéressante liste de vins biodynamiques. (p. 117)

Ricerca Vini Restaurant et caviste au catalogue riche et prestigieux. (p. 106)

N'Ombra de Vin Dégustations toute la journée dans un ancien réfectoire d'augustins. (p. 81)

Dry Pourquoi s'embêter avec un buffet quand ce bar réunit cocktails et superbes pizzas ? (p. 81)

Aperitivo

Ceresio 7 Perchoir sur les toits, et en-cas élégants pour accompagner la vue. (photo ci-dessus ; p. 92)

Cantine Isola Collations faites avec amour, à conjuguer à des vins remarquables. (p. 92)

Pasticceria Marchesi Un Spritz (cocktail à base de prosecco) parfait, associé à de jolis en-cas. (p. 105)

oTTo *Smørrebrød* (tartines scandinaves) et clientèle *hipster*. (p. 92)

Frida Parfait pour regarder vivre les gens, avec plus de 80 cocktails, bières et vins à la carte. (p. 93)

Pour sortir

Apollo Club Bar vintage avec dîner, piste de danse et DJ internationaux. (p. 113)

Santeria Social Club Ancien concessionnaire Volvo reconverti en important lieu culturel et de concerts. (p. 132)

VOLT Discothèque à la pointe de la mode, dans la lignée de celles de Berlin. (p. 118)

Alcatraz Immense boîte où l'on joue musique latino, house et rock and roll traditionnel. (p. 94)

Nidaba Theatre Salle récompensée qui accueille des concerts blues, soul et folk excellents. (p. 119)

Shopping

À Milan, la mode revêt autant d'importance que les biotechnologies et l'ingénierie. Outre le Quadrilatero d'Oro et ses prix exorbitants, le reste de la ville déborde de magasins vintage, concept stores, détaillants multimarques, boutiques ravissantes et ateliers d'artisanat, offrant de belles opportunités de shopping.

Où faire ses achats

Au-delà des prestigieuses marques du Quadrilatero d'Oro, les enseignes les plus récentes, ainsi qu'une nouvelle génération de détaillants multimarques sont concentrées à Brera, sur le Corso Como, le Corso Magenta, le Corso di Porta Ticinese et près des Navigli. Les marques milieu de gamme et les chaînes abondent sur la Via Torino, le Corso Vercelli et le Corso Buenos Aires. Les architectes d'intérieur et dessinateurs industriels milanais sont surtout regroupés autour de la Piazza San Babila.

Remboursement de la TVA

Les visiteurs hors Union européenne ayant dépensé plus de 154,94 € peuvent demander un remboursement lorsqu'ils quittent l'UE. Celui-ci ne s'applique qu'aux achats effectués dans les points de vente indiquant une "exonération de taxes pour les touristes". Le remboursement s'effectue à l'aéroport, ou bien dans n'importe quel bureau Global Blue (www.globalblue.com) ou Premier Tax Free (planetpayment.com).

Shopping pittoresque

Quadrilatero d'Oro Le plus célèbre quartier commercial de luxe du monde. (p. 49)

NonostanteMarras *Concept store* le plus imaginatif de Milan. (p. 123)

10 Corso Como Le fer de lance de la mode par Carla Sozzani. (p. 95)

Galleria Vittorio Emanuele II Galerie marchande incontournable abritant les boutiques les plus chics de Milan. (p. 44)

ALEXANDRE ROTENBERG/SHUTTERSTOCK ©

Grandes marques

Borsalino Fabricant des chapeaux mythiques depuis plus de 150 ans. (p. 64)

Pellini Bijoux créés par les petites-filles d'un costumier de la Scala. (p. 108)

Aspesi Articles de loisirs et de plein air à l'élégance raffinée. (p. 62)

F. Pettinaroli Articles de papeterie à monogrammes pour un bureau chic. (p. 82)

Foto Veneta Ottica Studio photo des années 1930, rempli de lunettes de soleil hyper-branchées. (p. 120)

Alimentation et vin

Peck Toutes les gourmandises milanaises les plus délicieuses imaginables. (p. 44)

Eataly Temple des plaisirs gastronomiques sur plusieurs étages. (photo ci-dessus ; p. 92)

Zaini Les véritables chocolats milanais dans leur emballage façon cadeau de Noël. (p. 95)

Cantine Isola Impressionnante sélection de vins régionaux difficiles à trouver. (p. 92)

Trouvailles vintage

Cavalli e Nastri Noms de la couture italienne du début et du milieu du XXe siècle. (p. 82)

Mania Vintage Authentiques sacs et accessoires des marques les plus convoitées. (p. 133)

Il Cirmolo Caverne aux merveilles pour les articles ménagers et objets de collection. (p. 82)

Top du stylisme

Biffi Articles audacieux et ultra-tendance, sélectionnés par un œil expert. (p. 120)

Imarika Couleurs franches et imprimés éclatants revisités à la sauce milanaise moderne. (p. 62)

The Slowear Store Vêtements pour hommes indémodables, portés par une philosophie éthique. (p. 83)

Wait and See Collection éclectique et festive pour toutes les occasions. (p. 44)

Dictionary *Streetwear* chic pour un look contemporain élégant. (p. 121)

Art

Les musées milanais n'ont rien à envier aux autres musées italiens, avec des œuvres allant du Moyen Âge aux maîtres du modernisme. On peut souvent admirer un Bellini ou un Caravage sans être gêné par la foule, même à la Pinacoteca di Brera. Milan est également un écrin de choix pour l'art du XXᵉ siècle.

Avant-goût des Lumières

La capitale de la mode est connue pour sa tradition muséale, qui remonte aux ambitions éducatives de Federico Borromeo (1564-1631) durant la Réforme catholique. Cardinal de Milan pendant 36 ans, il se distingua par son incorruptible vertu, son enthousiasme pédagogique et son mécénat social. En 1609, il fonda la Biblioteca Ambrosiana, qui fut avec la Bodléienne d'Oxford une des premières bibliothèques publiques d'Europe. En 1618, il fit don de sa collection d'art à l'académie ambrosienne, jetant les fondements d'une institution publique qui formerait les artistes avec l'aide de l'école.

Scène contemporaine

La créativité que l'on prête à Milan est communément liée aux industries de la mode et du design, mais elle constitue, avec la ville voisine de Turin, le cœur battant de l'art contemporain italien. La majorité des artistes du pays élisent aujourd'hui domicile à Milan (en tout cas entre deux séjours à New York ou Berlin), et le salon artistique annuel de la ville, le Miart (www.miart.it), est le plus important du pays, avec plus de 45 000 visiteurs et 200 exposants.

Fresques

La Cène Pas vraiment une fresque au sens strict, *La Cène* de Léonard de Vinci s'affranchit de toutes les règles. (p. 98)

Chiesa di San Maurizio Couverte de fresques éblouissantes peintes

S74/SHUTTERSTOCK ©

sur une période de soixante-dix ans. (p. 103)

Basilica di Sant'Eustorgio Au cœur de cette basilique, la ravissante chapelle Portinari a été décorée par Vincenzo Foppa, grand nom de la Renaissance. (p. 115)

Chiesa di Santa Maria presso San Satiro Une superbe abside en trompe-l'œil de Bramante a fait le succès de la minuscule chapelle de San Satiro. (p. 40)

Collections historiques

Castello Sforzesco Collection retraçant l'histoire de la ville, avec notamment l'émouvante *Pietà Rondanini* de Michel-Ange. (p. 70)

Pinacoteca di Brera De nombreux maîtres italiens comme Titien, le Tintoret et le Caravage. (p. 72)

Museo Poldi Pezzoli Trésors de la Renaissance dans des salles décorées selon divers styles. (p. 50)

Museo Bagatti Valsecchi Le palais Bagatti Valsecchi est un hommage au Quattrocento. (p. 53)

Gallerie d'Italia Vaste collection consacrée aux peintres lombards des XVIIIe et XIXe siècles. (p. 39)

Modernistes

Galleria d'Arte Moderna Œuvres des XIXe et XXe siècles dans la Villa Reale, édifice néoclassique napoléonien. (p. 55)

Museo del Novecento Artistes italiens du XXe siècle dans un espace de 4 000 m^2 conçu par Italo Rota. (p. 36)

Casa Museo Boschi-di Stefano De grandes figures de l'art du XXe siècle dans un appartement dessiné par Piero Portaluppi. (p. 55)

Galeries d'art contemporain

Fondazione Prada Cette ancienne distillerie de gin accueille l'hallucinante collection d'art contemporain de Miuccia Prada. (p. 127)

Museo delle Culture Galerie de David Chipperfield, avec des pièces passionnantes sur le dialogue entre Milan et le reste du monde. (photo ci-dessus ; p. 115)

Architecture

Le charme architectural de Milan tient à son éclectisme, mais aussi à la passion de la ville pour l'Art nouveau et le modernisme. Dans les rues, les bâtiments mêlent les styles Art nouveau, fin de siècle et la rigueur rationaliste des années 1930. Au reste, Porta Nuova présente le plus important développement d'après-guerre en Italie.

VIACHESLAV LOPATIN/SHUTTERSTOCK ©

Édifices d'époque

Duomo Flèches gothiques vertigineuses en marbre rose de Candoglia. (p. 32)

Castello Sforzesco Architecture médiévale monumentale conçue pour une puissante dynastie. (p. 70)

Basilica di Sant'Ambrogio Église du IVe siècle reconstruite de nombreuses fois, exemple parfait du style roman lombard local. (p. 103)

Basilica di Santa Maria delle Grazie Basilique au dôme dessiné par Bramante, inscrite au patrimoine mondial par l'Unesco. (p. 103)

Chiesa di Santa Maria dei Miracoli e San Celso Seule église de la Renaissance à Milan. (p. 127)

Édifices modernes

Galleria Vittorio Emanuele II Première galerie marchande d'Europe, dans un beau bâtiment de style Art nouveau. (p. 44)

Villa Necchi Campiglio Demeure rationaliste aux détails exquis, imaginée par Piero Portaluppi pour deux héritières milanaises. (p. 55)

Stazione Centrale La vaste gare centrale de Milan illustre parfaitement l'architecture ramassée qu'affectionnait Mussolini. (photo ci-dessus ; p. 148)

Torre Pirelli Le monument milanais de Gio Ponti est l'un des premiers gratte-ciel d'Italie. (p. 55)

Torre Velasca Appartement-forteresse résolument original des années 1950, inspiré à l'agence BBPR par les tours de guet médiévales. (p. 127)

Édifices contemporains

Fondazione Prada Galerie dessinée par Rem Koolhaas dans une ancienne distillerie d'eau-de-vie. (p. 127)

Fondazione Feltrinelli Structure de verre oblique provocante de l'agence Herzog & de Meuron, inspirée des serres milanaises. (p. 89)

Museo delle Culture Musée de verre translucide et de béton conçu par David Chipperfield dans une centrale électrique rénovée. (p. 115)

Histoire

Pour les Romains, la Gaule cisalpine ne faisait pas partie de l'Italie. En 222 av. J.-C., ils finirent par prendre la ville à la tribu celte des Insubriens et ils appelèrent Mediolanum (milieu des plaines). Depuis, Milan a accueilli des cours impériales, fourni des armes à divers empires et prospéré grâce à la politique, l'industrie et l'agriculture.

BLUE PLANET STUDIO/SHUTTERSTOCK ©

Vestiges romains

Civico Museo Archeologico Présente des objets romains, grecs et étrusques ainsi qu'une maquette de la cité romaine. (p. 104)

Basilica di San Lorenzo Maggiore Cette basilique paléochrétienne a conservé sa forme circulaire et ses seize colonnes romaines extérieures. (p. 115)

Époque médiévale

Duomo Bâtie sur six siècles, la cathédrale de Milan est l'un des plus beaux exemples d'architecture gothique du monde. (p. 32)

Castello Sforzesco L'imposante forteresse médiévale abrite des illustrations racontant l'histoire de la ville. (photo ci-dessus ; p. 70)

Biblioteca e Pinacoteca Ambrosiana Elle conserve les carnets de Léonard de Vinci, le prodigieux *Codex Atlanticus*. (p. 39)

Basilica di Sant'Ambrogio Cœur spirituel de la ville, elle renferme des chefs-d'œuvre médiévaux. (p. 103)

Renaissance

La Cène L'œuvre maîtresse de Léonard de Vinci, qui représente le dernier repas du Christ. (p. 98)

Chiesa di Santa Maria presso San Satiro Minuscule chapelle rendue grandiose par les trompe-l'œil de Bramante. (p. 40)

Chiesa di San Maurizio Décorée de fresques de Bernardino Luini, contemporain de Léonard de Vinci. (p. 103)

XIXe siècle

Palazzo Reale Ce palais néoclassique est désormais un musée de calibre mondial. (p. 39)

Cimitero Monumentale Dernière demeure de la haute bourgeoisie milanaise, avec des mausolées monumentaux. (p. 89)

Galleria Vittorio Emanuele II Première galerie marchande de Milan, parée de mosaïques et de marbre coloré. (p. 44)

Design

Milan possède les showrooms des plus grands noms du design, organise régulièrement des salons internationaux, et demeure un centre en matière d'édition spécialisée et d'enseignement dans ce domaine. Ici, le design n'est pas uniquement fonctionnel ; il est expressif, inventif, humoristique et original.

GIANLUCA DI IOIA- COURTESY: TRIENNALE DI MILANO. ©

Grandes figures

Le musée du Design installé à la Triennale di Milano est une merveilleuse façon de faire plus ample connaissance avec les meilleurs designers italiens, parmi lesquels Gio Ponti, Bruno Munari, Piero Fornasetti, Enzo Mari, les frères Castiglioni, Gaetano Pesce, Mario Bellini, Gae Aulenti, Ettore Sottsass et Alessandro Mendini.

Inspiration stylicienne

Triennale di Milano
Musée, lieu d'enseignement et showroom, la Triennale est le temple du design depuis les années 1930. (photo ci-dessus ; p. 77)

Studio Museo Achille Castiglioni Atelier d'un des designers italiens les plus influents du XXe siècle. (p. 78)

Villa Necchi Campiglio
Conçue et décorée par l'architecte et stylicien moderniste Piero Portaluppi, cette maison illustre parfaitement l'élégance et l'art de vivre. (p. 55)

Boutiques de design

La Rinascente Le sous-sol de cette grande surface patrimoniale sert de tremplin à des dizaines de styliciens prometteurs. (p. 45)

Spazio Rossana Orlandi
Ancienne usine de cravates, ce lieu emblématique recèle des objets et des articles pour la maison sortant de l'ordinaire. (p. 107)

Alessi Tous vos articles ménagers favoris se trouvent dans ce magasin phare. (p. 53)

Wok Présente des marques *streetwear* montantes et d'avant-garde, et accueille des événements mode et design. (p. 120)

43 Cycles Vélos les plus design du monde, avec une mécanique de pointe. (p. 62)

Avec des enfants

MICHAEL715/SHUTTERSTOCK ©

Avec le plus grand et le plus passionnant musée scientifique d'Italie, un majestueux château médiéval, un parc immense, des tramways du début du siècle et des croisières sur ses canaux, Milan est une ville bien plus adaptée aux enfants qu'on le croit souvent.

Quand partir

En famille, mieux vaut ne pas visiter Milan durant le Salone (avril) ou dans la chaleur des mois de juillet et d'août. En été, les canaux attirent les moustiques.

Réductions

Les musées d'État sont gratuits pour les moins de 18 ans. Dans les institutions privées, la gratuité est souvent limitée aux enfants de moins de 12 ans, avec des tarifs réduits pour les 12-18 ans.

Le réseau de transports en commun n'est pas payant pour les enfants de moins de 10 ans (carte d'identité parfois demandée).

Curiosités

Duomo Peu de choses sont aussi palpitantes qu'une marche sur le toit de la cathédrale, parmi saints et gargouilles. (p. 32)

Museo Nazionale Scienza e Tecnologia Vos petits se prendront pour De Vinci dans le meilleur musée scientifique d'Italie. (photo ci-dessus ; p. 100)

Castello Sforzesco Promenade entre les remparts de l'imposant château de Milan. (p. 70)

Torre Branca À la conquête de la tour de Gio Ponti, via un minuscule ascenseur, au cœur du Parco Sempione. (p. 77)

Giardini Pubblici Indro Montanelli Un tour dans les jardins publics de Milan, leur aire de jeux, leur planétarium et leur Muséum d'histoire naturelle. (p. 56)

Activités

Tramway n°1 Une traversée de la ville dans ce tramway historique des années 1920. (p. 150)

I Bagni Misteriosi Une chaude journée d'été au bord de cette piscine olympique en plein air, très moderniste. (p. 132)

Rossignoli Une location ou un circuit organisé par le plus vieux magasin de vélos de Milan. (p. 77)

Navigli Lombardi Une croisière estivale sur les canaux milanais. (p. 113)

Milan en 4 jours

Jour 1

UNGVARI ATTILA/SHUTTERSTOCK ©

Commencez la journée tôt et montez sur le toit du **Duomo** (p. 32), d'où vous aurez une vue imprenable sur la ville. Faites une pause Spritz au **Camparino** (p. 42), puis allez admirer des œuvres du XXe siècle au **Museo del Novecento** (p. 36).

Goûtez des plats milanais extra à la **Trattoria Milanese** (p. 42) avant de vous rendre au **Castello Sforzesco** (p. 70) pour découvrir l'histoire de la ville. Ensuite, changez de décor avec la **Triennale** (p. 77), dédiée au design.

Flânez dans le Parco Sempione et regardez le soleil se coucher derrière l'**Arco della Pace** (photo ci-dessus ; p. 77) depuis l'un des bars qui l'entourent. Pour finir, prenez le tram 10 pour les Navigli et descendez le canal Pavese au fil de ses bars jusqu'à l'**Apollo Club** (p. 113).

Jour 2

TAREK MUSTAFA/ALAMY STOCK PHOTO ©

Consacrez une matinée entière aux grandes salles de la **Pinacoteca di Brera** (p. 72), qui renferme une magnifique sélection des créations de Bellini, Raphaël et du Caravage. Déambulez ensuite dans les rues pavées et chics de Brera.

Déjeunez d'un sandwich gastronomique au **De Santis** (p. 105), puis méditez sur les saints torturés des fresques de Bernardino Luini, à la **Chiesa di San Maurizio** (p. 103). En famille, vous apprécierez le **Museo Nazionale Scienza e Tecnologia** (p. 100), meilleur musée scientifique d'Italie.

Si vous avez réservé, suivez une visite guidée de **La Cène** de Léonard de Vinci (p. 98). Terminez la soirée avec un dîner à **La Brisa** (p. 106) suivi d'un verre sur les toits au **Ceresio 7** (photo ci-dessus ; p. 92).

Jour 3

MARIA ROM/SHUTTERSTOCK ©

Commencez par un pèlerinage à **Gattullo** (p. 113), temple des plaisirs pâtissiers, puis rejoignez la **Fondazione Prada** (photo ci-dessus ; p. 127) et sa fascinante collection d'art contemporain.

Régalez-vous des pâtes maison de **Pastamadre** (p. 130) et poursuivez vers le Quadrilatero d'Oro. Après un café à la **Pasticceria Cova** (p. 53), vagabondez dans ce quartier de la haute couture et accordez-vous de menus plaisirs chez **Sermoneta** (p. 64) .

Visitez le **Museo Poldi Pezzoli** (p. 50) et admirez ses tableaux de la Renaissance. Pour conclure, offrez-vous un cocktail à **The Spirit** (p. 131), un dîner à la **Trattoria del Pescatore** (p. 128) ou un concert au **Santeria Social Club** (p. 132).

Jour 4

YURI TURKOV/SHUTTERSTOCK ©

Le matin, optez pour un des musées moins connus de Milan : la collection d'art moderne avant-gardiste de la **Casa Museo Boschi-di Stefano** (p. 55), ou la **Villa Necchi Campiglio** (p. 55), maison moderniste convertie en musée.

Gagnez le magasin alimentaire Eataly, et déjeunez chez **VIVA** (p. 92). Puis faites du lèche-vitrines sur le Corso Como et admirez les gratte-ciel de Porta Nuova, après quoi vous visiterez le parc de sculptures du **Cimitero Monumentale** (photo ci-dessus ; p. 89).

Goûtez parmi les meilleurs vins et *aperitivi* de la ville à la **Cantine Isola** (p. 92) avant de rallier Isola, pour explorer les hauts lieux de la restauration à Milan : la **Casa Ramen Super** (p. 89) et le **Berberè** (p. 90).

Les basiques

Pour en savoir plus, voir le *Carnet pratique* (p. 145)

Langue
Italien

Monnaie
Euro (€)

Formalités
Carte d'identité ou passeport pour les ressortissants européens ; exemption de visa pour les Canadiens séjournant moins de 3 mois

Argent
DAB très répandus, cartes bancaires acceptées partout

Téléphone portable
GSM 900/1800 utilisés en Italie compatibles avec les téléphones européens

Heure locale
Même fuseau horaire que Paris et Bruxelles

Pourboire
Hôtel haut de gamme 2 € (bagagiste, personnel de ménage ou service de chambre)
Restaurant 10-15% si service non inclus
Bar Laissez 0,10-0,20 €
Taxi Arrondissez à l'euro le plus proche

Budget quotidien

Moins de 110 €

Dortoir 28-45 €

Sandwich gastronomique 5-12 €

Aperitivo et buffet à volonté 8-20 €

Ticket de bus et métro 1,50 €

De 110 € à 200 €

Chambre double à l'hôtel 120-200 €

Déjeuner entrée-plat ou plat-dessert avec du vin dans une trattoria 25-45 €

Entrée dans un musée 5-10 €

Court trajet en taxi 10 €

Plus de 200 €

Chambre double dans un quatre ou cinq-étoiles 200-800 €

Dîner dans un grand restaurant 50-150 €

Place en catégorie supérieure à la Scala 85-210 €

À prévoir

Trois mois Réservez votre hébergement si vous voyagez durant les salons commerciaux, surtout lors du salon du Meuble (avril) et des Fashion Weeks.
Deux mois Réservez vos billets pour *La Cène* et les matchs de football de Serie A.
Un mois Réservez vos places à la Scala, une table dans un restaurant étoilé, et les grands spectacles du Palazzo Reale et du MUDEC.
Une semaine Repérez les meilleurs *aperitivi* et événements grâce à Zero (zero.eu/en/milano/).

Arriver à Milan

Depuis Milan Malpensa

Les trains **Malpensa Express** (☎02 7249 4949 ; www.malpensaexpress.it ; aller simple 13 €) circulent entre 5h et 23h, et les bus **Malpensa Shuttle** (☎02 5858 3185 ; www.malpensashuttle.it ; aller simple/aller-retour 10/16 € ; Ⓜ Centrale) entre 5h50 et 0h50. Un taxi coûte 95 € (50 minutes).

Depuis Milan Linate

L'**Airport Bus Express** (☎02 3391 0794 ; www.airportbusexpress.it ; aller simple/aller-retour 5/9 € ; Ⓜ Centrale) rejoint la Stazione Centrale de 8h30 à 21h30. **Air Bus** (Piazza Luigi Savoia ; tarif plein/-12 ans 5/2,50 € ; Ⓜ Centrale) propose un service semblable. Le bus urbain n°73 part pour Via Gonzaga (2 €) toutes les 10 à 20 minutes entre 5h30 et 0h35. Un taxi revient à 20-30 €.

Comment circuler

Vélo

Grâce aux vélos "flottants" et aux pistes cyclables, il est envisageable de pédaler dans le centre historique.

Métro

Moyen le plus rapide pour se déplacer. Circule entre 5h30 (6h le dimanche) et 0h30 environ.

Tramway et bus

Pratique pour se rendre dans le sud et le nord-ouest de la ville, et commode pour faire du tourisme.

Taxi

Les taxis se prennent aux stations dédiées. Compagnies joignables au ☎02 40 40, au ☎02 69 69 ou au ☎02 85 85. Le compteur démarre dès réception de votre appel.

Les quartiers de Milan

Porta Garibaldi et Isola (p. 85)
Les gratte-ciel étincelants de Porta Nuova et le bouillonnant Corso Garibaldi incarnent la Milan contemporaine. Dans leur ombre, l'ambiance décontractée et cosmopolite d'Isola gagne à être connue.

Brera et Parco Sempione (p. 69)
Les ravissantes boutiques, les galeries d'art et l'extravagance bohème de Brera contrastent avec l'imposant Castello Sforzesco et le musée du design de la Triennale.

Corso Magenta et Sant'Ambrogio (p. 97)
Un lacis de ruelles médiévales entoure la Basilica di Sant'Ambrogio, tandis que le Corso Magenta est bordé de luxueuses demeures patriciennes.

Navigli (p. 111)
Les jeunes *hipsters* viennent prendre un verre, faire la fête et leurs emplettes dans les quartiers sud de la ville sillonnés de canaux.

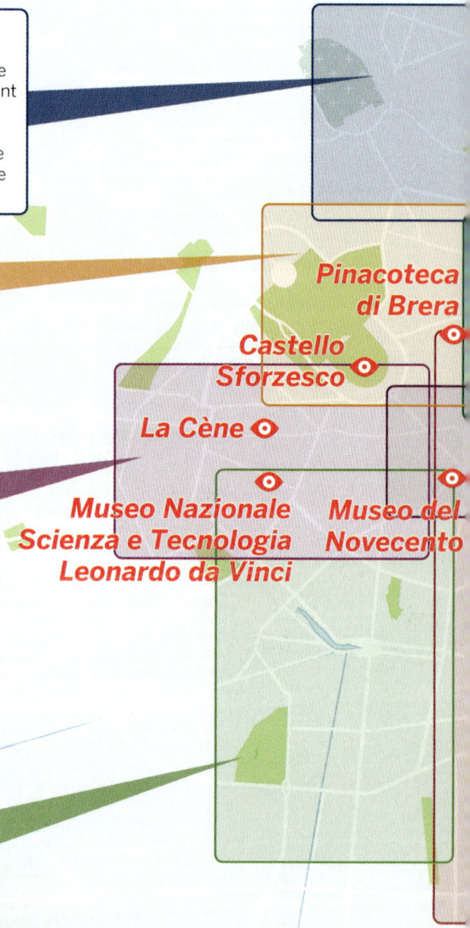

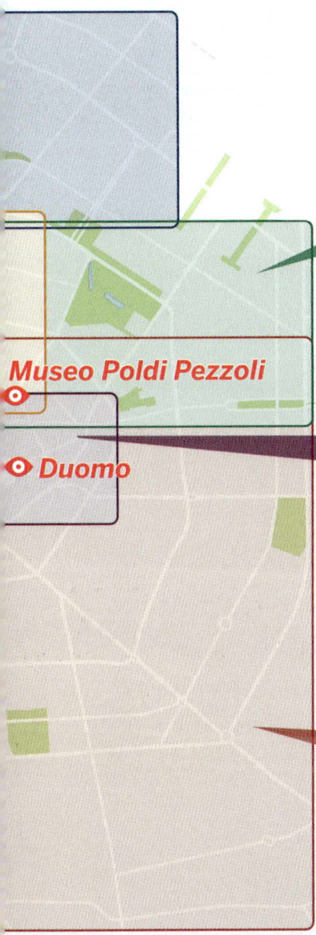

Quadrilatero d'Oro et Giardini Pubblici **(p. 49)**
Bordé d'un joli jardin d'agrément, le quartier du luxe milanais associe rues pavées et enseignes de haute couture.

Duomo et San Babila **(p. 31)**
Le centre historique de Milan est surplombé par deux géants voués à des cultes différents : le Duomo et la Galleria Vittorio Emanuele II.

Porta Romana et Porta Vittoria **(p. 125)**
La fabuleuse Fondazione Prada de Miuccia Prada joue un rôle majeur dans la revitalisation de ce secteur tranquille de Milan.

Explorer Milan

Duomo et San Babila 31

Quadrilatero d'Oro et Giardini Pubblici ...49

Brera et Parco Sempione 69

Porta Garibaldi et Isola 85

Corso Magenta et Sant'Ambrogio 97

Navigli 111

Porta Romana et Porta Vittoria 125

Vaut le détour

Îles Borromées 134

Côme 138

Les plus belles balades

Milan historique 46

Shopping à la milanaise 52

Voyage architectural 66

Promenade de week-end 86

Vie sur les canaux 112

Zona Tortona 122

Galleria Vittorio Emanuele II (p. 44) BORIS STROUJKO/SHUTTERSTOCK ©

Explorer Duomo et San Babila

Le centre de Milan est de dimensions réduites. La superbe cathédrale (duomo) s'élève sur une vaste place investie par les touristes, les vendeurs ambulants et les Milanais. De là, vous pouvez orienter votre visite vers la Galleria Vittorio Emanuele II (p. 44), arcade marchande historique, le Teatro alla Scala (p. 40), le Palazzo Reale et les Gallerie d'Italia (p. 39).

Tout voyage à Milan devrait commencer par un pèlerinage au Duomo (p. 32) et une promenade parmi les saints qui ornent ses parapets. Vous apercevrez peut-être même les Alpes au-dessus de ce paysage urbain changeant. En milieu de matinée, offrez-vous un Spritz (cocktail au prosecco) au Camparino (p. 42), puis visitez les dernières expositions du Palazzo Reale. Au déjeuner, goûtez les plats traditionnels de la Trattoria da Pino (p. 41), avant de visiter le Museo del Novecento (p. 36), vitrine moderniste de Milan. Il sera alors temps de vous joindre aux clients de la Galleria Vittorio Emanuele II. Amateurs d'opéra et de ballet, prévoyez votre soirée à la Scala bien à l'avance.

Comment y aller et circuler

Ⓜ La ligne de métro M1 (rouge), qui traverse Milan d'est en ouest, dessert le Duomo. La station se trouve juste devant. La ligne M3 (jaune), qui circule du nord au sud, rejoint la Stazione Centrale.

🚋 De nombreux tramways s'arrêtent à la Piazza Duomo : les lignes 1, 2, 3, 15 et 19 sont les plus utiles.

Plan de Duomo et San Babila p. 38

Duomo (p. 32) KAVALENKAVA/SHUTTERSTOCK ©

Les incontournables

Duomo

En marbre rose, la cathédrale de Milan matérialise le génie créatif et l'ambition de la ville. Lancé en 1387 par Giangaleazzo Visconti, seigneur de Milan, ce projet fut considéré comme irréalisable. Il fallut creuser des canaux pour acheminer le marbre et inventer des techniques adaptées à ce monument d'une ampleur inédite. De nos jours, la foule admire les riches détails de sa façade blanc nacré, aux allures de diadème de conte de fées.

PLAN P. 38, D3

www.duomomilano.it

Piazza del Duomo

Tarif plein/réduit Duomo 5/2 €, accès au toit escalier 10/5 €, ascenseur 14/7 €, zone archéologique 10/4 €

9h-19h

M Duomo

L'extérieur

Alors roi d'Italie, Napoléon Ier décide en 1805 de financer les travaux afin d'achever la cathédrale pour son couronnement. L'architecte désigné multiplie les éléments néogothiques en écho au style initial, avec un usage visionnaire de la logique de la mode : faire du neuf avec de l'ancien. Pinacles, redents, contreforts, arcs de pierre et plus de 3 000 statues datent ainsi presque tous du XIXe siècle.

Toit-terrasse et tour-lanterne

Sur les terrasses du toit, vous serez à portée de main des 135 flèches complexes et de leur forêt d'arcs-boutants. Au centre s'élèvent une flèche et une tour-lanterne octogonale du XVe siècle, surmontées depuis 1774 de la *Madonnina*. Perchée à 108,5 m, cette statue dorée de la Vierge fut pendant longtemps le point culminant de la ville, avant d'être détrônée par la tour Pirelli en 1958.

L'intérieur

Conçue à l'origine pour accueillir la population de Milan, soit quelque 40 000 âmes, la cathédrale affiche une architecture à la fois élégante et exubérante, qui transporte le visiteur du XXIe siècle dans l'esprit du Moyen Âge. À l'intérieur, une fois accoutumé à la lumière tamisée et aux proportions grandioses de ses 5 nefs portées par 52 colonnes, levez les yeux vers les vitraux, considérés comme les plus grands de la chrétienté.

Le sol

Avant de découvrir la myriade de trésors que renferme le Duomo, admirez le sol, véritable merveille en marbres polychromes d'une superficie de 12 000 m², dont la réalisation d'après les plans de Pellegrino Tibaldi dura quatre siècles. Les blocs de marbre rose et

★ À savoir

- Les horaires de visite du trésor, de la crypte, du baptistère et du toit-terrasse varient. Vérifiez-les sur le site Internet.
- Il existe un billet combiné pour les terrasses, le baptistère et le trésor au tarif de 20/15 € (ascenseur/escalier).
- Vous accéderez au toit plus rapidement en grimpant les 165 marches qu'en empruntant le petit ascenseur.
- Les billets sont en vente à la **billetterie** (☎ 02 7202 3375 ; www.duomomilano.it ; Piazza Duomo 14/a ; 🕘 9h30-17h30 ; Ⓜ Duomo) du Duomo, à droite de la façade, mais aussi en ligne (supplément de 0,50 à 1,50 €).
- Réserver vos billets ne vous affranchit pas des contrôles de sécurité.

✕ Une petite pause ?

Passez chez Iginio Massari (p. 41) pour ses choux à la crème primés.

Déjeunez à la Trattoria Milanese (p. 42).

blanc de Candoglia proviennent de la carrière de Mergozzo concédée en exploitation pour l'occasion par Giangaleazzo Visconti. Ils sont incrustés de marbre noir et rouge.

La ligne méridienne

Au sol, près de l'entrée principale, prêtez attention à la ligne méridienne couleur cuivre, jalonnée de signes du zodiaque et tracée par les astronomes de l'Accademia di Brera en 1786. Une baie dans la voûte de l'aile sud laisse entrer le soleil de midi, qui éclaire ainsi différents points de cette ligne selon la saison. La précision du procédé était telle qu'il servit d'étalon aux horloges de la ville jusqu'au XIXe siècle.

Saint Barthélemy

On doit à Marco d'Agrate, un étudiant de Léonard de Vinci, cette curieuse statue (1562) du martyr écorché, portant sa peau en bandoulière comme une cape. Ce sujet d'étude de prédilection des sculpteurs du XVIe siècle représentait pour eux l'occasion de montrer leurs connaissances tant anatomiques que techniques.

Le transept

Le transept est particulièrement riche en œuvres d'art. Il est flanqué à ses deux extrémités d'autels décorés de marbres polychromes. Le plus élaboré, l'autel de Notre-Dame de l'Arbre, occupe la partie nord, en face

Le Duomo

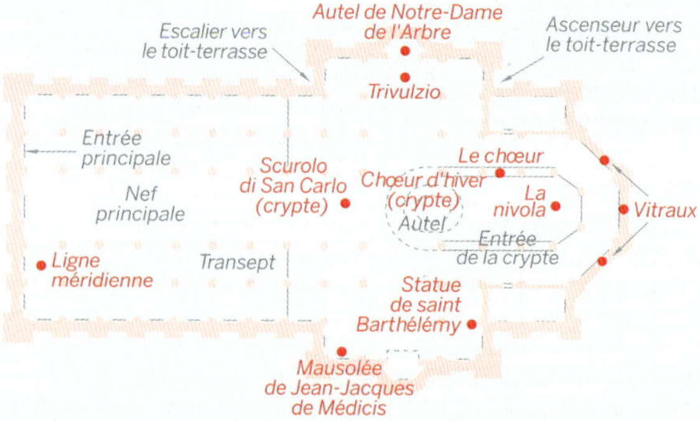

d'un candélabre de bronze à sept branches, le Trivulzio, chef-d'œuvre médiéval monumental haut de 5 m et orné de pierres précieuses.

Le chœur

Les stalles du chœur, conçues par Pellegrino Tibaldi et sculptées par Paolo de'Gazzi, Virgilio del Conte et les frères Taurini, datent de 1614. Y sont représentés sur trois niveaux et en partant du bas : la vie des archevêques de Milan (Anatalone et Galdino), les saints martyrs et la vie de saint Ambroise.

La crypte

Au niveau du déambulatoire, un escalier descend à la crypte, ou chœur d'hiver. Conçue par Tibaldi, cette chapelle circulaire entourée de stalles en bois s'apparente à un petit bijou avec ses piliers en porphyre rouge, son sol en marbres polychromes et son plafond à moulures. Un cercueil renferme les dépouilles de plusieurs saints et martyrs.

Il Scurolo di San Carlo

À partir d'une ouverture dans les stalles de la crypte, un couloir sombre mène à une chapelle abritant la dépouille de saint Charles Borromée, cardinal et archevêque de Milan (1564-1584). Il repose dans un cercueil de cristal de roche, au-dessus d'une châsse en argent.

Adoptez une flèche

Avec 3 400 statues de marbre, 200 bas-reliefs, 55 vitraux, 96 gargouilles et une surface intérieure de 11 700 m^2, l'entretien de la cathédrale représente un formidable défi. En 2012, la Veneranda Fabbrica del Duomo a lancé une vaste campagne qui a permis de lever des fonds pour le nettoyage et les réparations de nombreuses parties du monument. Vous pouvez y participer en rejoignant Adotta una Guglia ("adopte une flèche" ; www.getyourspire.com) : pour seulement 10 €, vous pourrez choisir une flèche et même y voir votre nom gravé pour la postérité.

Il Grande Museo del Duomo

Le billet pour le Duomo inclut l'entrée dans l'étonnant **musée de la cathédrale** (Piazza del Duomo 12 ; 10h-19h mar-dim). Conçues par l'architecte Guido Canali, ses 26 salles sont superbement agencées. Décorées de gargouilles grimaçantes et d'anges héraldiques subtilement éclairés, elles retracent les 600 ans de la construction de la cathédrale. On y découvre une impressionnante figure divine qui devait initialement orner le grand autel.

Les incontournables

Museo del Novecento

Surplombant la Piazza del Duomo, le Palazzo dell'Arengario, d'où Mussolini haranguait la foule à l'apogée de son régime, ménage une vue imprenable sur la cathédrale. Bâti autour d'une rampe futuriste en spirale (un hommage au musée Guggenheim de New York), le bâtiment abrite désormais un musée consacré à l'art du XXe siècle. Les œuvres sont signées notamment par Boccioni, Campigli, De Chirico et Marinetti.

PLAN P. 38, C3

www.museodelnovecento.org

Piazza del Duomo 8

Tarif plein/réduit/-12 ans 10/8 €/gratuit

10h-19h30 mar-mer et ven-dim, 10h-22h30 jeu

M Duomo

Le Palazzo dell'Arengario

Flanqués d'une façade à trois niveaux d'arches, les deux austères bâtiments symétriques qui composent le *palazzo* ont été conçus entre 1937 et 1942 par Piero Portaluppi, Giovanni Muzio, Pier Giulio Magistretti et Enrico Griffini, architectes vedettes de l'époque. Des bas-reliefs du sculpteur milanais Arturo Martini, dont les œuvres font partie de la collection du musée, ornent les façades. L'édifice doit son nom d'*arengario* à sa fonction initiale de siège du gouvernement fasciste : du balcon, les fascistes prononçaient leur *arringa* (harangue) au peuple.

La collection

La collection permanente du musée rend hommage à l'art du XXe siècle, portant une attention toute particulière aux artistes milanais. La visite chronologique permet de découvrir aussi bien la force du tableau néo-impressionniste *Il Quarto Stato* (*Le Quart-État*, 1901) de Giuseppe Pellizza da Volpedo, représentant des grévistes, que le dynamisme émanant des œuvres futuristes d'Umberto Boccioni, Carlo Carra, Gino Severini ou Giacomo Balla, puis l'art abstrait, le surréalisme, le spatialisme et l'Arte povera. Ces œuvres offrent un regard passionnant sur le parcours social de l'Italie depuis 1914.

Giacomo Arengario

Ce **bistrot** (☎ 02 7209 3814 ; www.giacomoarengario.com ; Via Guglielmo Marconi 1 ; repas 55-70 € ; ⌚ midi-minuit ; ❄ ; Ⓜ Duomo) est situé au 3e étage du *palazzo*. Ses salles luxueusement décorées dans un style Art déco offrent une vue imprenable sur le Duomo, dont on admire les flèches le jour, et le kaléidoscope des vitraux le soir. Un personnel très soigné sert des grands classiques tels qu'assiettes de poisson, truffe ou gibier.

★ À savoir

- Des audioguides sont disponibles en français, anglais, italien, allemand et espagnol.
- Le musée est accessible avec la Musei Civici di Milano, qui coûte 12 € et est valable 3 jours dans neuf autres musées municipaux.
- Les 1er et 3e mardis du mois à partir de 14h, le tarif d'entrée est réduit à 5 €.
- Le 3e niveau offre une des meilleures vues sur le Duomo, dans la lueur fluorescente de l'œuvre *Luce Spaziale : Struttura al Neon* (1951) de Lucio Fontana.

✕ Une petite pause ?

Déjeunez au Giacomo Arengario (ci-contre), au 3e étage, si possible en terrasse.

Le soir, frayez-vous un chemin dans les ruelles historiques pour un cocktail au B Cafè (p. 43), adresse branchée.

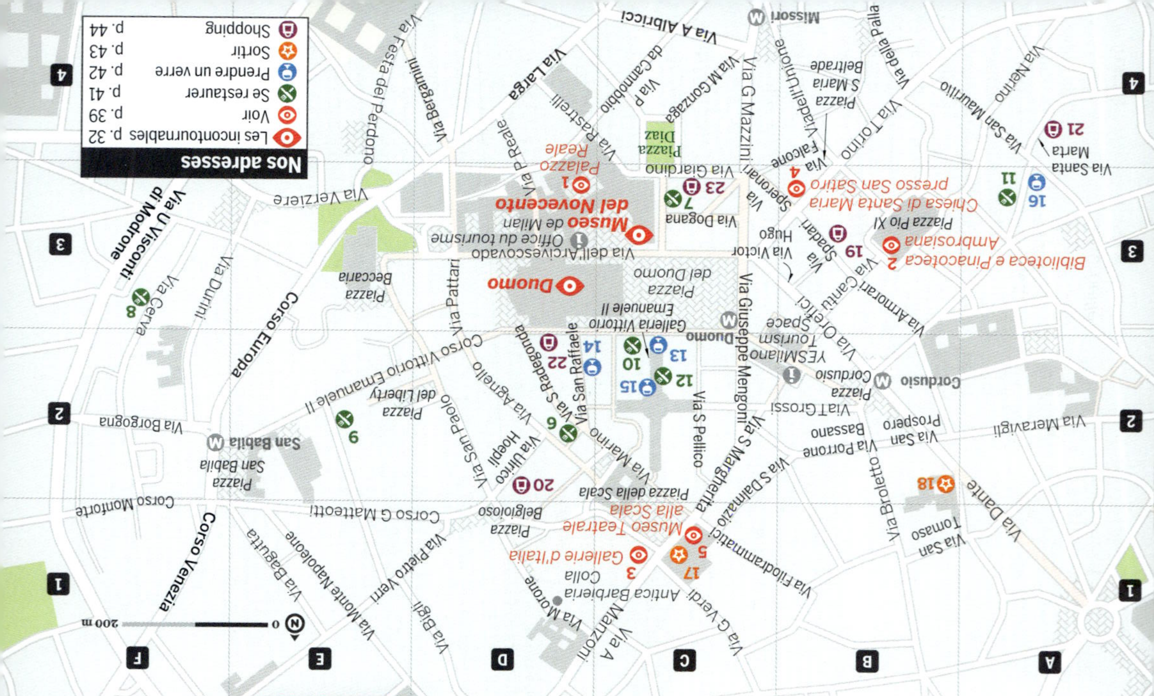
Nos adresses
Les incontournables p. 32
Voir p. 39
Se restaurer p. 41
Prendre un verre p. 42
Sortir p. 43
Shopping p. 44
A
B
C
D
E
F
1
2
3
4
0
200 m
Duomo
Museo del Novecento
Office du tourisme de Milan
Palazzo Reale
Galleria Vittorio Emanuele II
Piazza del Duomo
Galleria d'Italia
Museo Teatrale alla Scala
Biblioteca e Pinacoteca Ambrosiana
Chiesa di Santa Maria presso San Satiro
Antica Barbieria Colla
YESMilano Tourism Space
Piazza della Scala
Piazza Belgioioso
Piazza San Babila
San Babila
Piazza del Liberty
Piazza Beccaria
Piazza Diaz
Piazza Cordusio
Cordusio
Piazza Pio XI
Piazza S Maria Beltrade
Missori
Corso Venezia
Corso Monforte
Corso G Matteotti
Corso Vittorio Emanuele II
Corso Europa
Via U Visconti di Modrone
Via Borgogna
Via Cerva
Via Durini
Via Verziere
Via Festa del Perdono
Via Bergamini
Via Larga
Via A Albricci
Via P Reale
Via Rastrelli
Via P da Cannobbio
Via M Gonzaga
Via G Mazzini
Via Pattari
Via dell'Arcivescovado
Via Dogana
Via Giardino
Via Speronari
Via Falcone
Viadell'Unione
Via della Palla
Via Torino
Via San Maurilio
Via Nerino
Via Santa Marta
Via Victor Hugo
Via Spadari
Via Cantù
Via Armorari
Via Orefici
Via Giuseppe Mengoni
Via S Pellico
Via S Margherita
Via S Dalmazio
Via Filodrammatici
Via G Verdi
Via A Manzoni
Via Morone
Via Bigli
Via Pietro Verri
Via Monte Napoleone
Via Bagutta
Via San Paolo
Via Ulrico Hoepli
Via Agnello
Via S Radegonda
Via San Raffaele
Via Marino
Via T Grossi
Via Porrone Bassano
Via San Prospero
Via Broletto
Via Meravigli
Via San Tomaso
Via Dante
1
2
3
4
5
6
7
8
9
10
11
12
13
14
15
16
17
18
19
20
21
22
23

Voir

Palazzo Reale

MUSÉE, PALAIS

1 PLAN P. 38, D3

À la fin du XVIIIe siècle, Giuseppe Piermarini, architecte favori de l'impératrice Marie-Thérèse, remania cet ancien hôtel de ville et palais des Visconti dans un style néoclassique. Les bombardements de la Seconde Guerre mondiale l'ont presque entièrement détruit. La **Sala delle Cariatidi** n'a pas été restaurée, témoignant ainsi des dégâts. Ce palais accueille aujourd'hui des expositions grand public consacrées à des artistes tels qu'Escher, le Caravage et Pomodoro. (www.palazzorealemilano.it ; Piazza del Duomo 12 ; tarif plein/réduit 14/12 € ; 10h-19h30 mar-mer et ven-dim, 10h-22h30 jeu ; M Duomo)

Biblioteca e Pinacoteca Ambrosiana

GALERIE, BIBLIOTHÈQUE

2 PLAN P. 38, B3

Construite en 1609, la bibliothèque ambrosienne, la première bibliothèque publique d'Europe, symbolisait l'effervescence intellectuelle de la ville. Elle contient plus de 75 000 ouvrages et 35 000 manuscrits, dont l'inestimable recueil de dessins de Léonard de Vinci, le *Codex Atlanticus*. Ajoutée ultérieurement, une galerie d'art, la pinacothèque, présente un panorama de la peinture italienne du XIVe au XXe siècle, avec la célèbre *Corbeille de fruits* qui lança la carrière du Caravage et le courant réaliste italien. (www.ambrosiana.it ; Piazza Pio XI 2 ; tarif plein/réduit 15/10 € ; 14h-18h mar-ven, 10h-18h sam-dim ; M Duomo)

Gallerie d'Italia

MUSÉE

3 PLAN P. 38, C1

Installée dans trois somptueux palais, l'immense collection de la Fondazione Cariplo et de la banque Intesa Sanpaolo est consacrée à la peinture lombarde des XVIIIe et XIXe siècles. Des bas-reliefs d'Antonio Canova aux tableaux romantiques de Francesco Hayez, elle illustre l'apport des artistes milanais à la renaissance de la sculpture italienne, au romantisme patriotique du Risorgimento (période de l'unification de l'Italie) et aux prémices du futurisme, au début du XXe siècle.

Antica Barbieria Colla

Aux côtés de personnalités politiques, stars du foot ou autres hommes d'affaires, abandonnez-vous aux mains expertes de Franco Bompieri, maître de l'art du rasage. Ouvert en 1904, l'**Antica Barbieria Colla** (plan p. 38, D1 ; 02 87 43 12 ; www.anticabarbieriacolla.it ; Via Morone 3 ; 9h30-13h et 14h30-19h mar-sam ; M Duomo, 1) est le plus ancien salon de barbier d'Europe. La brosse qui a servi à entretenir la moustache de Puccini y est fièrement exposée.

(www.gallerieditalia.com ; Piazza della Scala 6 ; tarif plein/réduit 10/8 € ; 9h30-19h30 mar-mer et ven-dim, 9h30-22h30 jeu ; M Duomo)

Chiesa di Santa Maria presso San Satiro

ÉGLISE

4 PLAN P. 38, B3

En 1482, Ludovico Sforza chargea l'architecte Donato Bramante de réaménager cette petite église, érigée sur les fondations du mausolée du martyr San Satiro, datant du IXe siècle. Il ne fut pas déçu du résultat : une voûte à caissons en trompe-l'œil donne à l'abside des airs de Panthéon romain à la hauteur de ses ambitions. (Via Speronari 3 ; gratuit ; 9h30-17h30 lun-ven, 14h-17h30 sam ; M Duomo)

Museo Teatrale alla Scala

MUSÉE

5 PLAN P. 38, C1

Inauguré en 1778, ce théâtre de 2800 places de Giuseppe Piermarini remplaçait son prédécesseur, réduit en cendres après une représentation de gala. Il fut financé par la vente de *palchi* (loges privées) répartis sur six niveaux aux teintes dorées et cramoisies. En dehors des répétitions, on peut visiter les loges nos 13, 15 et 18. Dans le musée, les costumes d'arlequin et un virginal où il est inscrit "Main inexperte, ne me touche point !" évoquent des siècles de théâtre et de musique. (Musée de la Scala ; www.museoscala.org ; Largo Ghiringhelli 1 ; tarif plein/réduit 9/6 € ; 10h-18h mar-dim ; M Duomo)

Biblioteca e Pinacoteca Ambrosiana (p. 39)

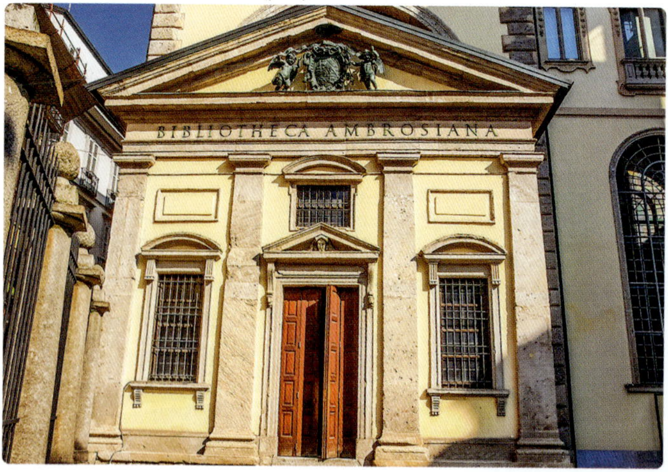

CLAUDIO DIVIZIA/SHUTTERSTOCK ©

Se restaurer

Luini

FAST-FOOD €

6 PLAN P. 38, D2

L'endroit idéal pour goûter les fameux *panzerotti*, chaussons de pâte à pizza farcis de mozzarella, épinards, tomates, jambon ou saucisson épicé, puis frits ou cuits au four. (02 8646 1917 ; www.luini.it ; Via Santa Radegonda 16 ; panzerotti 2,70 € ; 10h-15h lun, 10h-20h mar-sam ; ; M Duomo)

Iginio Massari

PASTICCERIA €

7 PLAN P. 38, C3

Surpassant presque tous les auteurs culinaires, Iginio Massari est lauréat du Lion d'or de Venise pour sa carrière. C'est un virtuose pour les desserts emblématiques du nord de l'Italie : le *pandoro* de Vérone, et le panettone de Milan. En 2018, la foule était au rendez-vous pour l'ouverture de sa *pasticceria* milanaise, guettant ses célèbres *bignè* (profiteroles) à la crème Chantilly et au chocolat. (02 4969 6962 ; www.iginiomassari.it ; Via Marconi 4 ; pâtisseries et parts de gâteaux 1,50-6 € ; 8h-19h30 lun-jeu, 8h-20h ven, 8h30-20h sam, 9h-20h dim ; ; M Duomo)

Trattoria da Pino

MILANAIS €

8 PLAN P. 38, F3

Cette trattoria populaire est l'antithèse des restaurants étoilés de la ville où se pressent les top-modèles. Attablé au coude à coude à de longues tables, commandez un bol de *bollito misto* (pot-au-feu), des pâtes maison ou des boulettes de veau à la sauce curry. (02 7600 0532 ; Via Cerva 14 ; repas 20-25 € ; midi-15h lun-sam ; M San Babila)

A Santa Lucia

NAPOLITAIN €€

9 PLAN P. 38, E2

Appartenant à l'une des grandes vagues d'immigrants du Sud, Leone et Rosetta Legnani ont ouvert leur premier restaurant en 1929. Ils ont apporté leur cuisine napolitaine chaleureuse et leur touche méridionale à l'ancienne, avec des plats de spaghettis *alle vongole* (aux palourdes) et des biftecks tartinés d'ail, servis par un personnel impeccable. L'affection que portait Frank Sinatra à cette adresse se passe d'explications. (02 7602 3155 ; www.asantalucia.it ; Via San Pietro all'Orto 3 ; repas 25-50 € ; midi-1h ; M San Babila)

Spazio

ITALIEN €€

10 PLAN P. 38, C2

Situé au 3e étage du Mercato del Duomo, le restaurant discret de Niko Romito est tenu par des diplômés de son école culinaire des Abruzzes (où se trouve aussi son restaurant trois étoiles). Retenez une table dans la Sala dell'Albero pour pouvoir contempler le Duomo en dégustant des plats d'une simplicité délicieuse : pâtes au citron, *linguine* au brocoli-rave et anchois. (3e ét, Mercato del Duomo ; 02 878400 ; www.spazionikoromito.com ; Piazza del Duomo ; repas 35-45 € ; 12h30-14h30 mar-dim, 19h30-22h mar-sam ; ; M Duomo)

Trattoria Milanese

MILANAIS €€

11 PLAN P. 38, A3

Cette véritable trattoria sert de généreux verres de vin, des plats traditionnels milanais copieux et un sympathique buffet de légumes. Une clientèle d'habitués s'y retrouve pour déguster des boulettes de viande au chou, un minestrone ou un *risotto al salto* (galettes de risotto) à se damner. (02 8645 1991 ; Via Santa Marta 11 ; repas 35-45 € ; midi-14h45 et 19h-22h45 lun-sam ; 2, 14)

Cracco

ITALIEN €€€

12 PLAN P. 38, C2

Après avoir connu la disgrâce et perdu une étoile au guide Michelin, Carlo Cracco est de retour avec un sanctuaire culinaire sur quatre étages, dans la Galleria. Vous pourrez y goûter les brioches de Luca Sacchi, les pralines de Marco Pedron, et des pizzas au prix excessif dans son bistrot. Cela dit, la place d'honneur revient au restaurant gastronomique et à sa haute cuisine inventive, avec son vivaneau campèche à la gelée de yuzu et aux pétoncles râpés. (www.ristorantecracco.it ; Galleria Vittorio Emanuele II ; menu dégustation 130-160 €, repas bistrot 30-50 € ; bistrot 8h-minuit tlj, restaurant 12h30-15h mar-ven, 19h30-22h lun-sam ; ; M Duomo)

Prendre un verre

Camparino

BAR

13 PLAN P. 38, C2

Ouvert en 1867, en même temps que la Galleria Vittorio Emanuele II, ce café Art nouveau a accueilli Verdi, Toscanini et Dudovich. On y déguste toujours des cocktails à base de Campari dans sa très élégante salle, éclairée par des lustres en fer forgé et ornée d'immenses miroirs, encadrés de mosaïques aux motifs d'oiseaux et de fleurs. L'*aperitivo* du bar est parmi les moins chers de la ville. (www.camparino.com ; Piazza del Duomo 21 ; boissons 12-24 € ; 9h30-minuit lun-sam ; M Duomo)

Straf Bar

BAR

14 PLAN P. 38, D2

L'*aperitivo* se prolonge jusqu'à minuit dans le décor branché du Straf Bar : bois, pierre, métal et béton brut. Des DJ internationaux s'y produisent certains jeudis, et le bar accueille des concerts le mardi. (www.straf.it ; Via San Raffael 3 ; 12h30-22h ; ; M Duomo)

Pasticceria Marchesi

CAFÉ

15 PLAN P. 38, C2

Détenant 80% des actions de cette pâtisserie historique, Prada a ouvert un luxueux café au 1er étage de son magasin de vêtements pour hommes dans la Galleria. Surplombant les sols en mosaïque en contrebas, la salle est parée de jacquard floral vert et de fauteuils en velours. Dégustez-y un thé ou un excellent *aperitivo*, mais sachez que l'attente peut être longue. (www.pasticceriamarchesi.it ; Galleria Vittorio Emanuele II ; 8h-20h ; M Duomo)

B Cafè

BAR

16 PLAN P. 38, A3

En pénétrant dans ce café, vous vous croirez transporté à Brooklyn : briques apparentes et posters de films vintage lui confèrent une atmosphère décontractée, et son bar bien fourni propose des cocktails réussis. Parfait pour savourer un café ou un verre de vin, ou un excellent sandwich à la charcuterie et aux fromages lombards. (02 8909 3317 ; www.facebook.com/bcafe20 ; Via San Maurilio 20 ; sandwichs 7,50 €, cocktails 8 € ; 8h-2h lun-sam ; ; M Missori)

Sortir

Teatro alla Scala

OPÉRA

17 PLAN P. 38, C1

La saison lyrique de cet opéra de renommée mondiale dure de début décembre à juillet. Des pièces de théâtre, des ballets et des concerts sont proposés toute l'année (sauf en août). On peut réserver les billets en ligne ou par téléphone jusqu'à 2 mois à l'avance, ou les acheter à la **billetterie centrale** (Largo Ghiringhelli ; midi-18h ; M Duomo). Les jours de représentation, les billets pour la galerie sont en vente au n°2 de la Via Filodrammatici (1 ticket/client). Présentez-vous bien à l'avance pour en acheter un. (La Scala ; 02 7200 3744 ;

Camparino (page ci-contre)

www.teatroallascala.org ; Piazza della Scala ; billets 10-250 € ; M Duomo)

Piccolo Teatro Grassi THÉÂTRE

18 PLAN P. 38, B2

Créée en 1947 par le directeur de théâtre Paolo Grassi et le metteur en scène Giorgio Strehler, cette petite scène au répertoire audacieux a lancé un mouvement national de renouveau de la production théâtrale et de la commedia dell'arte. D'autres spectacles ont lieu au Piccolo Teatro Strehler (p. 82). (02 2112 6116 ; www.piccoloteatro.org ; Via Rovello 2 ; billets 10-40 € M Cordusio)

Shopping

Peck ÉPICERIE FINE

19 PLAN P. 38, B3

Un bastion de l'héritage culinaire milanais, avec trois niveaux en sous-sol dédiés à la production des aliments aux couleurs fabuleuses qui remplissent ses vitrines. Cette épicerie fine historique à Milan offre une impressionnante variété de produits, et notamment un choix exceptionnel de fromages, chocolats, pralines, pâtisseries, glaces maison, fruits de mer, viandes, caviar, pâté, fruits et légumes, huiles d'olive et vinaigres balsamiques. (02 802 31 61 ; www.peck.it ; Via Spadari 9 ; 15h-19h30 lun, 9h-19h30 mar-sam ; ; M Duomo)

Galleria Vittorio Emanuele II

Ce passage couvert de verre et d'acier de style néoclassique est bien plus qu'une simple galerie marchande. Les Milanais le surnomment *"il salotto di Milano"* (le salon de Milan) et l'empruntent lors de la *passeggiata* (promenade du soir). En forme de croix, il relie la Piazza del Duomo à la Piazza di Marino et à la Scala.

Libreria Internazionale Hoepli LIBRAIRIE

20 PLAN P. 38, D2

La plus grande librairie d'Italie rassemble sur six étages quelque 500 000 titres, ainsi que des livres anciens rares et un rayon en langues étrangères. Jetez un œil aux ouvrages des maisons d'édition italiennes, réputés pour leurs qualités graphiques. (02 86 48 71 ; www.hoepli.it ; Via Ulrico Hoepli 5 ; 10h30-19h lun-sam ; ; M Duomo)

Wait and See MODE

21 PLAN P. 38, A4

Forte de ses collaborations avec des figures de renommée mondiale comme Missoni, Etro et Anna Molinari, Uberta Zambeletti a lancé sa propre collection en 2010. Sa boutique reflète ses goûts éclectiques et présente des marques peu connues, ainsi que des pièces spécialement créées pour elle, telles que les T-shirts imprimés humoristiques La Prestic Ouiston ou les sandales brodées Meher Kakalia. (☎ 02 7208 0195 ; www.waitandsee.it ; Via Santa Marta 14 ; 🕒 15h30-19h30 lun, 10h30-19h30 mar-sam ; M Duomo, Missori)

La Rinascente

GRAND MAGASIN

22 PLAN P. 38, D2

Le grand magasin le plus prestigieux d'Italie a aussi pignon sur rue dans la capitale de la mode – venez pour les lignes *bis* italiennes, les marques françaises et les créations de jeunes stylistes de Los Angeles. Un rayon d'objets design italiens se trouve au sous-sol, et le très chic coiffeur Aldo Coppola officie au dernier étage. Faites le plein de souvenirs alimentaires au marché du 7e étage, puis dînez avec vue sur le Duomo depuis la terrasse de l'Obikà. (www.rinascente.it ; Piazza del Duomo ; 🕒 10h15-21h lun-ven, 10h-21h sam-dim ; M Duomo)

One Block Down

MODE

23 PLAN P. 38, C3

Créé par un groupe qui s'avoue accro aux chaussures de sport, ce magasin est un lieu de pèlerinage pour les adorateurs du *streetwear*. Exposées au mur, ses plus belles tennis s'élèvent jusqu'au plafond. Il convient d'y ajouter des marques vestimentaires allant de Palace à Adidas, et une sélection de magazines dans le vent. En cas d'overdose de baskets, faites une petite pause dans le Flavours, son café axé sur la nourriture saine. (☎ 02 8454 2491 ; www.oneblockdown.it ; Piazza Diaz 2 ; 🕒 11h-19h ; M Duomo)

Galleria Vittorio Emanuele II (page ci-contre)

Promenade à pied

Milan historique

Milan doit sa longue histoire à sa situation stratégique. La ville fut l'une des premières cités-États, et l'édit qui porte son nom mit fin en 313 à la persécution des chrétiens. Partez à la découverte des épisodes les plus tumultueux de son histoire, de ses origines romaines à ses prétentions industrielles, en passant par ses ambitions républicaines.

La promenade

Départ Piazza del Duomo ; M Duomo

Arrivée Piazza Castello ; Cairoli

Distance 3,2 km

Durée 1 heure 30

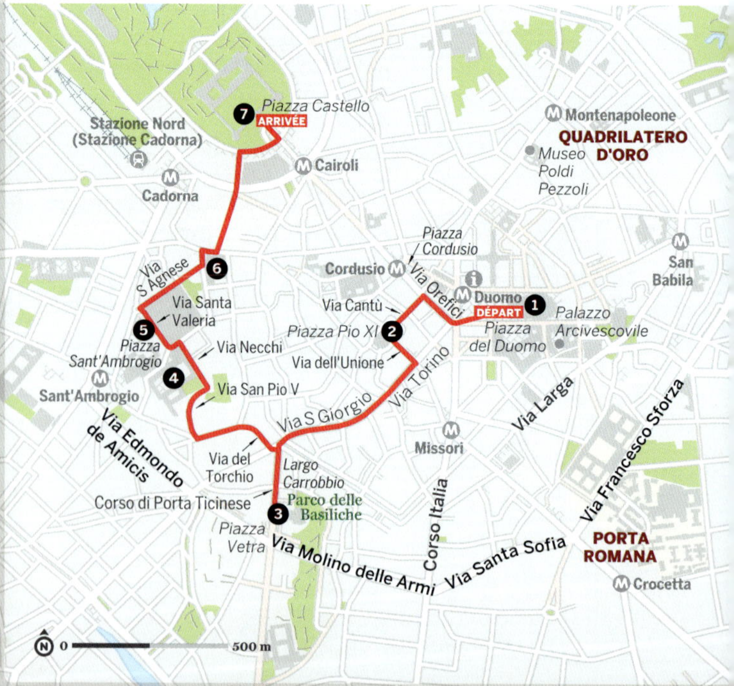

❶ Duomo

D'une blancheur éclatante et couvert de statues de marbre, le Duomo (p. 32) est la troisième plus grande cathédrale du monde. Entamée par Giangaleazzo Visconti en 1387, sa construction a duré plusieurs siècles.

❷ Biblioteca Ambrosiana

En 1609, dans le bouillonnement intellectuel qui suivit le Moyen Âge, le cardinal Federico Borromeo fonda l'une des plus grandes bibliothèques d'Italie, la Biblioteca Ambrosiana (p. 39) ; on y voit des dessins de Léonard de Vinci tirés du *Codex Atlanticus*.

❸ Colonnes San Lorenzo

Le forum du Mediolanum antique était situé sur la Piazza Carrobbio. Non loin, les 16 colonnes formant le portique de la Basilica di San Lorenzo Maggiore (p. 115) appartenaient jadis à un édifice romain. On peut aussi voir les ruines d'un amphithéâtre dans la Via Edmondo de Amicis.

❹ Basilica di Sant'Ambrogio

Sur un ancien site funéraire paléochrétien, Sant'Ambrogio (p. 103) abrite les reliques de l'évêque saint Ambroise. Les styles lombard et roman attestent sa longue histoire. Dans l'abside, partie la plus ancienne, des mosaïques du IVe siècle représentent *Le Miracle de saint Ambroise*.

❺ Tempio della Vittoria

Dessiné par Giovanni Munzio, le **temple de la Victoire** (Piazza Sant'Ambrogio ; M Sant'Ambrogio) honore 10 000 victimes de la Grande Guerre. Son aspect dépouillé suscita une controverse dans le Milan de l'après-guerre.

❻ Civico Museo Archeologico

Intégrant une partie des murailles de Mediolanum et une tour médiévale, le Musée archéologique (p. 104) expose une maquette de la cité romaine, de précieux fragments de verre, des objets funéraires et des bijoux.

❼ Castello Sforzesco

Forteresse des Sforza, ce château (p. 70) à tourelles abrite aujourd'hui plusieurs musées, dont les œuvres permettent de suivre l'évolution des fortunes de la ville. De ses remparts, la vue s'étend jusqu'au Parco Sempione et à l'Arco della Pace, de Napoléon. Nombre des fresques qui habillent ses halls ont été réalisées par Léonard de Vinci.

Une petite pause ?

À mi-parcours, faites une pause au **Bar Magenta** (☎ 02 805 38 08 ; www.barmagenta.it ; Via Carducci 13 ; ⏲ 7h30-1h30 lun, 7h30-2h mar-jeu et dim, 7h30-3h ven-sam ; M Cadorna) de style Art nouveau, sur le Corso Magenta. Sinon, finissez par un *aperitivo* au Bar Bianco (p. 71).

Explorer

Quadrilatero d'Oro et Giardini Pubblici

Les amoureux de marques de luxe cèdent au chant des sirènes du Quadrilatero d'Oro (Quadrilatère d'or). Parsemé de musées, de palais et de restaurants patrimoniaux, ce secteur de 6 000 m² réunit plus de 500 grandes marques de mode. Au nord-est s'étend un jardin public du XIXe siècle que borde la Villa Reale.

Commencez la journée à Cova (p. 53), le café le plus historique du quartier. Visitez ensuite les appartements du Museo Poldi Pezzoli (p. 50). En chemin, jetez un œil aux vitrines des boutiques de luxe. Au déjeuner, optez pour le traditionnel Il Baretto al Baglioni (p. 58). L'après-midi, aventurez-vous au nord jusqu'aux Giardini Pubblici (p. 56). Visitez la Villa Reale (p. 55), cadeau à Napoléon qui abrite le musée milanais de l'art du début du XXe siècle. Poursuivez avec la Casa Museo Boschi-di Stefano (p. 55) et ses œuvres futuristes. Dégustez ensuite l'aperitivo au Bar Basso (p. 61) ou au LùBar (p. 58).

Comment y aller et circuler

M Prenez la ligne de métro M3 (jaune) pour le Quadrilatero et descendez à Montenapoleone. Pour l'extrémité sud des Giardini et la Villa Reale, prenez la ligne M1 (rouge) jusqu'à Palestro. Pour le nord des jardins, arrêtez-vous à Porta Venezia. Pour le Museo Boschi-di Stefano, quittez la ligne M1 à l'arrêt Lima.

Les tramways nos 1, 9 et 33 sont pratiques pour se rendre au Quadrilatero, aux Giardini et à Porta Venezia.

Plan de Quadrilatero d'Oro p. 54

Giardini Pubblici Indro Montanelli (p. 56) STEPHANIE ONG/LONELY PLANET ©

Les incontournables

Museo Poldi Pezzoli

À l'âge de 24 ans, Gian Giacomo Poldi Pezzoli hérita de la fortune et de l'amour pour l'art que possédait sa mère. La maison-musée qui allait devenir le Victoria & Albert Museum de Londres, découverte lors d'un de ses nombreux voyages en Europe, lui servit d'inspiration pour présenter sa propre collection d'envergure. Il s'employa à aménager ses appartements en salles incarnant chacune une époque majeure.

PLAN P. 54, A4

02 79 48 89/63 34

www.museopoldipezzoli.it

Via Manzoni 12

Tarif plein/réduit 14/6-10 €

10h13h et 14h-18h mer-lun

M Montenapoleone

La Sala d'Armi

Première pièce terminée du projet de Poldi Pezzoli, la salle d'Armes affichait jadis une décoration néogothique, œuvre du scénographe de la Scala Filippo Peroni. Elle fut détruite lors de la Seconde Guerre mondiale. Conçue par le sculpteur contemporain Arnaldo Pomodoro, la nouvelle salle a des allures de tombeau des *Aventuriers de l'arche perdue* du XVIe siècle.

La Sala d'Artista

Se pliant aux diktats de la mode du moment, Giuseppe Bertini et Luigi Scrosati décorèrent les pièces de l'appartement de Pezzoli selon les styles de diverses époques, afin de rappeler celles des objets exposés dans chacune. Seules quatre de ces "salles d'artiste" ont survécu aux bombardements et ont été réaménagées à l'identique ou presque : la Sala degli Stucchi, de facture rococo ; la Sala Nera, jadis habillée d'ébène et d'ivoire ; la Sala dei Vetri di Murano, où dormait Pezzoli ; et le Studiolo Dantesco, où il conservait ses biens les plus précieux.

La collection

Elle reflète la passion de Pezzoli pour les armes, les arts décoratifs et la peinture de la Renaissance. Au fil des salles, on peut admirer les toiles de maîtres de la Renaissance lombards (Foppa, Bergognone, Luini), ou toscans et vénitiens (Botticelli, Bellini et Piero della Francesca dans le Salone Dorato), ou encore ce superbe *Portrait de femme* de Pollaiolo, devenu l'emblème du musée. Entre ces toiles étincellent des vitrines remplies de verrerie vénitienne, de porcelaine du XVIIIe siècle et de bijoux.

★ À savoir

- Contrairement aux autres musées, celui de Poldi Pezzoli ferme le mardi.
- Outre la Sala d'Artista, le musée renferme la plus belle collection de pièces d'horlogerie anciennes en Italie.
- Des visites guidées (environ 1 heure) ont lieu en plusieurs langues.
- Le musée est accessible avec la Case Museo Card (tarif plein/réduit 25/15 € ; www.casemuseomilano.it), un pass offrant des réductions dans les quatre maisons-musées de Milan.

Une petite pause ?

Envisagez une pause à la Pasticceria Marchesi (p. 60), ravissant café avec ses tons pastel.

Pour le déjeuner, échappez à la foule grâce aux caves de brique voûtées du Borgospesso 1 (p. 58), où le Bagutta 1924 sert un menu de choix à prix raisonnable.

Promenade à pied

Shopping à la milanaise

Tous ceux qui s'intéressent au tombé d'une robe ou à la coupe d'une veste ne sauraient passer outre une promenade dans le Quadrilatero d'Oro, le quartier de la mode le plus célèbre du monde. Ce quadrilatère aux rues pavées abrite toutes les grandes marques italiennes. Même si vous n'avez pas l'intention de succomber, observez le va-et-vient des chalands. C'est distrayant et gratuit.

La promenade

Départ Via Monte Napoleone ; M Montenapoleone

Arrivée Via della Spiga ; M San Babila

Distance 1,5 km

Durée 2 heures

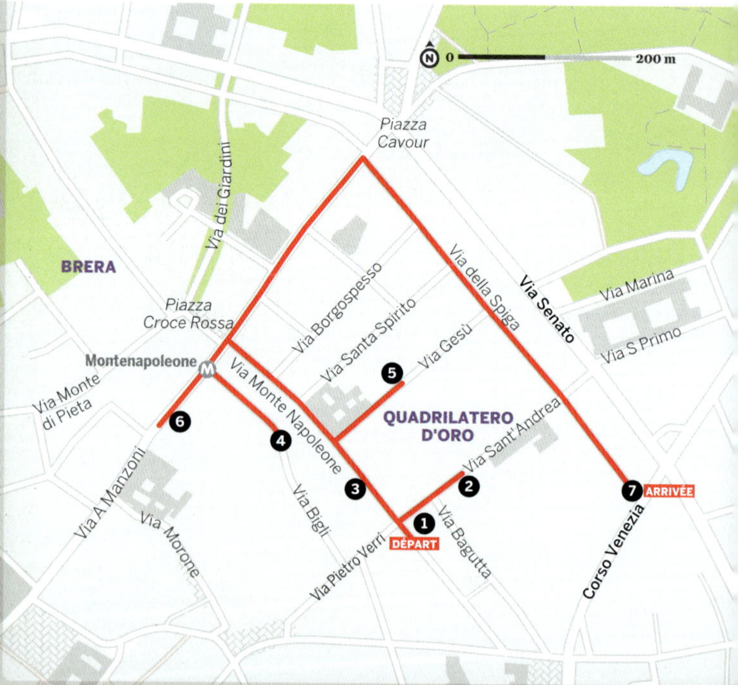

❶ Prendre un café à Cova

Immergez-vous dans l'ambiance du Quadrilatero avec un café et une pâtisserie à la **Pasticceria Cova** (☎02 7600 5599 ; www.covamilano.com ; Via Monte Napoleone 8 ; ⏰8h30-20h lun-sam, 9h30-19h30 dim ; Ⓜ Montenapoleone), le plus vieux café de Milan, ouvert en 1817 par Antonio Cova, soldat de Napoléon.

❷ Mode d'antan

Découvrez la vie des aristocrates du XVIIIe siècle au **Palazzo Morando** (☎02 8846 5735 ; www.costumemodaimmagine.mi.it ; Via Sant'Andrea 6 ; gratuit, réservation en ligne fortement recommandée ; ⏰10h-17h30 mar-dim ; Ⓜ San Babila), dont les appartements renferment la collection d'art de la comtesse Bolognini, et des œuvres donnant un aperçu de la ville sous Napoléon.

❸ Promenade dans "Monte Nap"

La Via Monte Napoleone a toujours rimé avec élégance et argent. Un bureau du gouvernement de Napoléon y accordait jadis des prêts et de grandes enseignes bordent désormais l'artère principale du Quadrilatère d'or.

❹ Fast-food chic

Rendez-vous Via Bigli pour déjeuner d'un délicieux panini – et pourquoi pas vous offrir le luxe de déguster celui au homard – chez Chic & Go (p. 57).

❺ Museo Bagatti Valsecchi

Nés quatre siècles après la Renaissance, les frères Fausto et Giuseppe Bagatti Valsecchi se passionnèrent néanmoins pour celle-ci. Entre 1878 et 1887, ils firent construire et transformèrent leurs **demeures** (☎02 7600 6132 ; www.museobagattivalsecchi.org ; Via Gesù 5 ; tarif plein/réduit 10/7 € ; ⏰13h-17h45 jeu-ven, 10h-17h45 sam-dim ; Ⓜ Montenapoleone) en musée vivant du Quattrocento, regorgeant de mobilier et de peintures Renaissance.

❻ Alessi, tout pour la maison

Fondé à Omegna en 1921, **Alessi** (☎02 79 57 26 ; www.alessi.com ; Via Manzoni 14-16 ; ⏰10h-19h ; Ⓜ Montenapoleone) continue à décorer nos intérieurs grâce à plus de 22 000 objets, souvent créés par les plus grands architectes-designers internationaux. Certains sont exposés au MoMA de New York, mais vous trouverez certainement votre bonheur dans ce magasin phare.

❼ Via della Spiga

Qui n'aimerait pas faire du lèche-vitrines dans cette belle rue piétonne ? Rendez-vous chez Car Shoe (p. 64) pour les chaussures et Sermoneta (p. 64) pour habiller vos mains de jolis gants.

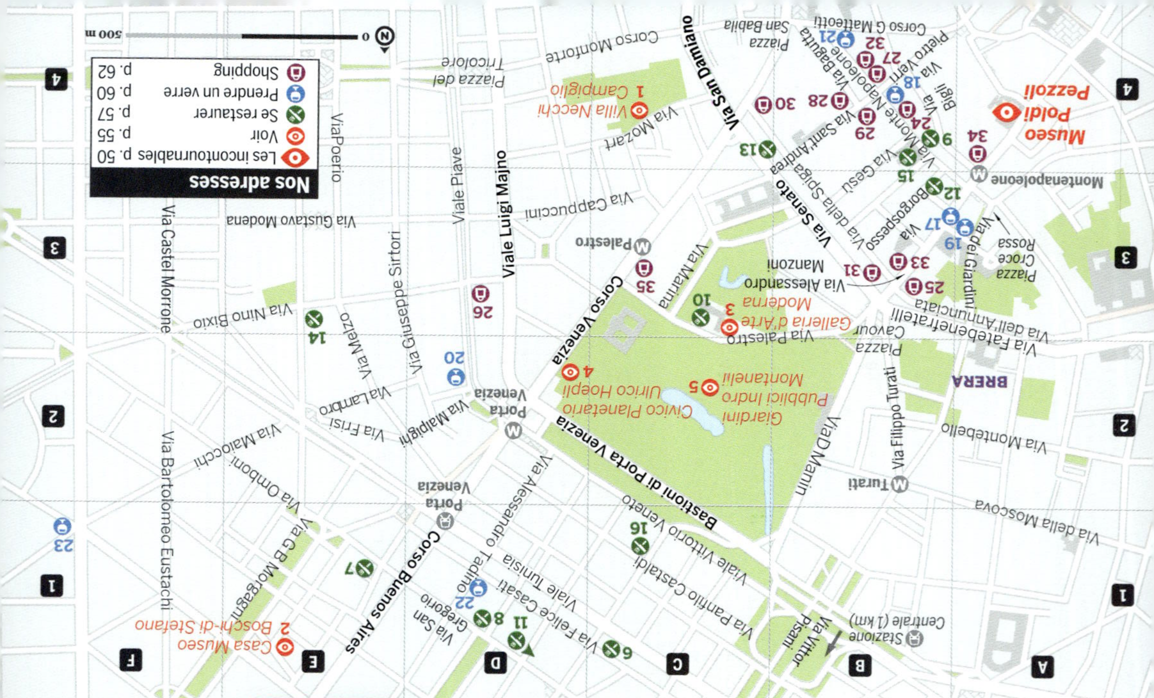
Nos adresses
Les incontournables p. 50
Voir p. 55
Se restaurer p. 57
Prendre un verre p. 60
Shopping p. 62
0
500 m
A
B
C
D
E
F
1
2
3
4
Museo Poldi Pezzoli
Casa Museo 2 Boschi-di Stefano
Villa Necchi 1 Campiglio
Galleria d'Arte 3 Moderna
Civico Planetario Ulrico Hoepli 4
Giardini Pubblici Indro Montanelli 5
Corso Buenos Aires
Corso Venezia
Bastioni di Porta Venezia
Via San Damiano
Via Senato
Viale Luigi Majno
Viale Piave
Via Giuseppe Sirtori
Via Castel Morrone
Via Bartolomeo Eustachi
Via Gustavo Modena
Via Nino Bixio
Via Melzo
Via Lambro
Via Frisi
Via Malpighi
Via Maiocchi
Via Omboni
Via G B Morgagni
Via San Gregorio
Via Alessandro Tadino
Viale Tunisia
Via Felice Casati
Via Panfilo Castaldi
Viale Vittorio Veneto
Via Vittor Pisani
Stazione Centrale (1 km)
Via della Moscova
Via Montebello
Via Filippo Turati
Turati
Via D Manin
Via Palestro
Piazza Cavour
Via Fatebenefratelli
Via dell'Annunciata
BRERA
Via Marina
Palestro
Via Cappuccini
Via Mozart
Corso Monforte
Piazza del Tricolore
ViaPoerio
Porta Venezia
Via Alessandro Manzoni
Piazza Croce Rossa
Via dei Giardini
Montenapoleone
Via Borgospesso
Via della Spiga
Via Gesù
Via Sant'Andrea
Via Monte Napoleone
Via Bigli
Via Bagutta
Via Pietro Verri
Corso G Matteotti
Piazza San Babila
6
7
8
9
10
11
12
13
14
15
16
17
18
19
20
21
22
23
24
25
26
27
28
29
30
31
32
33
34
35

Voir

Villa Necchi Campiglio MUSÉE

1 PLAN P. 54, C4

Cette villa restaurée des années 1930 fut conçue par l'architecte rationaliste Piero Portaluppi pour Nedda et Gigina Necchi, héritières pavesanes, et Angelo Campiglio, le mari de Gigina. Ils étaient les propriétaires d'une des seules piscines de Milan, ainsi que de vérandas de terrariums et de volets électriques profilés. L'amalgame par Portaluppi des styles Art déco et rationaliste évoque les perspectives modernistes de Milan, en restant ancré dans un passé dont le glas sonnait alors. (☎ 02 7634 0121 ; fondoambiente.it/luoghi/villa-necchi-campiglio ; Via Mozart 14 ; tarif plein/étudiant -26 ans/6-18 ans 14/9/6 € ; 10h-18h mer-dim ; M San Babila)

Casa Museo Boschi-di Stefano MUSÉE

2 PLAN P. 54, E1

Le musée de peintures italiennes du XXe siècle le plus original de la ville occupe un appartement des années 1930 qui a conservé son élégance d'antan. Il propose un voyage exaltant entre les tableaux futuristes de Boccioni, les œuvres métaphysiques et nostalgiques de Campigli et De Chirico, et celles des expressionnistes tourmentés. Des artistes moins connus sont exposés dans de petits salons décorés de meubles avant-gardistes. (☎ 02 8846 3614 ;

Premier gratte-ciel de Milan

Emblème moderniste de Gio Ponti, la **Torre Pirelli** (Piazza Duca d'Aosta 3 ; M Centrale FS) fut le premier édifice milanais à surpasser la Madonnina couronnant le Duomo.
Le chantier de ce *grattacielo* débuta en 1956 sur le site de l'usine Pirelli du XIXe siècle, clôturant symboliquement l'âge d'or industriel italien.
Ses arêtes lisses et fuselées lui donnent la forme d'un diamant, caractéristique des créations de Ponti, et en font aujourd'hui l'un des plus élégants bâtiments modernes de la ville.

www.fondazioneboschidistefano.it ; Via Giorgio Jan 15 ; entrée gratuite ; 10h-17h30 mar-ven ; M Lima)

Galleria d'Arte Moderna LIEU D'EXPOSITION

3 PLAN P. 54, C3

Demeure du XVIIIe dans laquelle Napoléon séjourna quelque temps, la Villa Reale renferme à présent une collection d'art moderne. Constituée de dons effectués par de grandes familles milanaises, elle comprend de nombreuses œuvres d'art italiennes et internationales des XIXe et XXe siècles, aussi diverses que des pièces du sculpteur néoclassique Canova (dans la salle de bal) ou des tableaux futuristes de Giacomo Balla et Umberto

Boccioni. (GAM ; ☎02 8844 5947 ; www.gam-milano.com ; Via Palestro 16 ; tarif plein/réduit 5/3 € ; ⌚10h-17h30 mar-dim ; Ⓜ Palestro)

Civico Planetario Ulrico Hoepli — PLANÉTARIUM

4 PLAN P. 54, D2

Le plus grand planétarium d'Italie vous ouvrira aux merveilles de l'Univers dans un cadre élégant. Pensé par Piero Portaluppi, architecte emblématique de la ville, cet édifice de pierre et de marbre en apparence austère dissimule des influences Art déco et une décoration incluant une amusante traînée de constellations. Les séances sont presque toutes en italien, mais valent le détour pour les adeptes d'astronomie. (Planetario di Milano ; ☎02 8846 3340 ; lofficina.eu ; Corso Venezia 57 ; adulte/enfant 5/3 € + 1,50 € réservation en ligne ; ⌚séances horaires variables ; Ⓜ Porta Venezia)

Giardini Pubblici Indro Montanelli — JARDINS

5 PLAN P. 54, C2

Les allées de gravier serpentent parmi auto-tamponneuses, carrousel, buvette, landaus, parcours de jogging et ados se bécotant sur des bancs à l'ombre. Rejoignez le mouvement ou arrêtez-vous simplement pour humer les roses. Par mauvais temps, le **Museo Civico di Storia Naturale** (Muséum d'histoire naturelle ; ☎02 884 63337 ; museodistorianaturalemilano.it ; Corso Venezia 55 ; tarif plein/réduit 5/3 € ; ⌚10h-17h30 mar-dim ; 👪 ;

Casa Museo Boschi-di Stefano (p. 55)

PAOLO BONA/SHUTTERSTOCK ©

M Palestro) séduit les familles avec ses présentations rétro sur les dinosaures, les fossiles, la faune et la plus vaste collection géologique d'Europe. (6h30-coucher du soleil ; ; M Palestro)

Se restaurer

Pavé

PASTICCERIA €

6 PLAN P. 54, C1

Difficile de résister à la *frolla al cacao*, une tarte garnie d'une fabuleuse ganache chocolatée et recouverte de rubans de pâte croustillante au chocolat. C'est l'une des très appétissantes pâtisseries imaginées par Diego, Luca et Giovanni, maîtres en la matière. Ils préparent aussi du pain au levain, de savoureuses brioches à la ricotta et aux tomates séchées, et des sablés aux amandes. (02 3790 5491 ; www.pavemilano.com ; Via Felice Casati 27 ; pâtisseries 1,80-7 €, salades 7-12 € ; 8h-19h, fermé mar ; ; M Porta Venezia)

NÚN

KEBAB €

7 PLAN P. 54, E1

Sensible à la demande pour une nourriture vegan, végétarienne et crue, ce kebab contemporain ingénieux sert de copieux roulés garnis de salades de saison, aubergine, grenade et falafels. Carnivores, pas d'inquiétude : on y sert aussi du poulet halal. Commandez au comptoir en indiquant le pain, la garniture et la sauce de votre choix, puis attendez que l'on vous appelle pour récupérer votre repas. (02 9163 7315 ; www.nunmilano.com ; Via Lazzaro Spallanzani 36 ; kebabs 5,40-7,40 € ; 12h30-15h et 18h30-23h lun-ven, 12h30-23h sam-dim ; ; M Porta Venezia)

Gelato Giusto

GELATERIA €

8 PLAN P. 54, D1

Ce glacier est le temple des produits laitiers de luxe lombards : tout y est 100% naturel, local et fait maison. Ajoutons que Vittoria, la propriétaire, est maître chocolatier et qu'elle élabore sans cesse de délicieux nouveaux parfums tels que pistache, cannelle et cassis, ou ricotta et orange amère. (02 2951 0284 ; www.gelatogiusto.it ; Via San Gregorio 17 ; cônes 2,50-4,50 € ; midi-20h30 mar-dim ; ; M Porta Venezia)

Chic & Go

FAST-FOOD €

9 PLAN P. 54, B4

Un fast-food qui sert des paninis au homard, des veloutés d'asperges ou des salades bulgares au safran, ça ne peut se trouver que dans le Quadrilatère d'or ! Tout est bien évidemment préparé à la demande : choisissez une sorte de pain (sésame, pavot, bagel ou baguette), puis une garniture, comme le tartare de bœuf Angus, le crabe à la mayonnaise au paprika ou la mortadelle de Prato. Tout est absolument délicieux. (02 78 26 48 ; www.chic-and-go.com ; Via Bigli 20 ; sandwichs 7-21 € ; 8h-21h ; ; M Montenapoleone)

LùBar

SICILIEN **€€**

10 PLAN P. 54, C3

Restaurant sicilien tendance occupant la serre du XIXe siècle de la Villa Reale néoclassique de Napoléon, le LùBar est la création des trois enfants de Luisa Beccaria : Ludivico, Lucrezia et Lucilla. L'huile d'olive de table provient du domaine familial, et les plats de puntarelle et d'anchois, ou de fenouil et d'orange sont servis dans de superbes céramiques de Caltagirone. (02 8352 7769 ; www.lubar.it ; Via Palestro 16 ; repas 25-35 € ; 8h-minuit mar-sam, 8h-23h dim et lun ; ; M Palestro)

Osteria del Treno

ITALIEN **€€**

11 PLAN P. 54, D1

Destinées à l'origine aux ouvriers ferroviaires qui travaillaient à la Stazione Centrale voisine, cette *osteria* et sa salle de bal Art nouveau font partie de l'histoire milanaise. Le midi, un self-service propose fromages d'appellation protégée, charcuterie et plats de pâtes. Le dîner est plus formel. Le dimanche, les amateurs de tango viennent danser dans la salle de bal. (02 670 04 79 ; www.osteriadeltreno.it ; Via San Gregorio 46 ; repas 35 € ; midi-15h et 19h30-23h lun-ven, 19h30-23h sam, 12h-15h dim ; M Centrale)

Borgospesso 1

MILANAIS **€€**

12 PLAN P. 54, B3

En 2014, les habitants ont été atterrés d'apprendre la fermeture du restaurant le plus historique du Quadrilatère d'or, le Bagutta 1924. Il revient aujourd'hui dans la crypte aux voûtes en brique d'une église, où une salle isolée lui est dédiée : on y apprécie des plats prisés des Milanais, comme les joues de porc à la purée de pommes de terre ou la dorade aux pousses de navet. (Via Borgospesso 1 ; repas 35-50 € ; 12h30-14h30 et 19h30-22h30 lun-sam ; ; M Montenapoleone)

Corsia del Giardino

ITALIEN MODERNE **€€**

Baptisé en l'honneur du parc qui bordait autrefois la Via Manzoni, ce café-restaurant contemporain, situé dans le même bâtiment que Gallo (voir **34** plan p. 54, A4), se tient un peu à l'écart de la rue. Son intérieur épuré et son menu simple vont de pair avec sa clientèle, des employés des boutiques avoisinantes qui dégustent ici des salades de qualité, des burgers gourmands et des tartes aux fruits délicieuses. (02 7628 0726 ; Via Manzoni 16 ; repas 20-30 € ; 8h-21h lun-sam, 9h-21h dim ; ; M Montenapoleone)

Il Baretto al Baglioni

MILANAIS **€€€**

13 PLAN P. 54, C4

Ambiance façon discothèque cosy et excellent menu milanais sans fioritures assurent à ces salles lambrissées d'être toujours remplies de beaux ténébreux d'âge mûr, accompagnés de leurs partenaires parées de bijoux. Ici, le répertoire typique de Milan comprend *cotoletta* (côte de veau panée) et osso-buco, mais aussi *riso salto* (galettes de risotto poêlées) et un mémorable risotto aux truffes. Une porte en permet l'accès depuis le n°6 de la Via della Spiga. (02 78 12 55 ; Via Senato 7 ; repas 60 € ; 12h30-15h et 19h-23h ; ; M San Babila)

Dim Sum

CHINOIS €€€

14 PLAN P. 54, E3

Hors classe, la carte raffinée de ce restaurant gastronomique chinois rassemble le meilleur des ingrédients lombards. Dans ce lieu esthétique, on peut voir le chef Wu Jing à l'œuvre dans sa cuisine vitrée. Goûtez les divers choix du menu, qui comporte bœuf chianina à la ciboulette, porc aux baies de goji et produits de la mer dans un rouleau de printemps au citron vert. (02 2952 2821 ; www.dimsummilano.com ; Via Nino Bixio 29 ; repas 40-50 € ; midi-14h30 et 19h-23h30 mar-dim ; ; M Porta Venezia)

Il Salumaio di Montenapoleone

BISTROT €€€

15 PLAN P. 54, B4

Prosecco et *trofie* (fusilli liguriens) au pesto dans une cour recouverte de lierre, blottie entre les magasins Gucci et Dior... Pas de doute, vous êtes bien à Milan ! Les petites marchandises et les vins de la boutique attachée sont onéreux, mais diablement tentants. (02 7600 1123 ; www.ilsalumaiodimontenapoleone.it ;

Il Salumaio di Montenapoleone

Via Gesù 5 ; repas 30-60 € ; 8h-22h30 lun-sam ; ; Montenapoleone)

Joia

ITALIEN €€€

16 PLAN P. 54, C1

Les ingrédients de saison et les saveurs légères ont fait la réputation de Joia et de sa carte pleine de poésie (à l'image de ce plat d'hiver à base d'artichauts, de topinambours, de salsifis noirs et de grenade, baptisé "Sous un manteau de neige"). Végétarienne, la cuisine du chef étoilé au Michelin Pietro Leeman ne manque pas de saveurs et change de la carte milanaise traditionnelle. Le menu du déjeuner à 40 € est d'un très bon rapport qualité/prix. (02 2952 2124 ; joia.it ; Via Panfilo Castaldi 18 ; menu dégustation 105-125 € ; 12h30-14h30 et 19h30-22h30 mar-sam ; ; Porta Venezia)

Prendre un verre

Bamboo Bar

BAR

17 PLAN P. 54, B3

Dans cette ville où prolifèrent les bars design, le Bamboo Bar crève littéralement le plafond avec son espace vitré à double hauteur. Son sol en onyx et ses canapés en cuir blanc laissent toute l'attention à un panorama à 360 degrés de la ville et à des cocktails émérites. Jetez votre dévolu sur l'emblématique Mary Caprese, mélange de vodka bio, jus de tomate et mousse de mozzarella. (Armani Hotel ; 02 8883 8703 ; www.armanihotelmilano.com ; Via Manzoni 31 ; cocktails 22-25 € ; 11h-minuit dim-mer, 11h-1h jeu-sam ; ; Montenapoleone)

Pasticceria Marchesi

CAFÉ

18 PLAN P. 54, B4

Émaillé de rose saumon, d'or et de vert olive, le décor du café Marchesi du Quadrilatère d'or est un vrai régal pour les yeux. En plus du bar, vous trouverez deux grands salons de thé, où des comptoirs aux arêtes en laiton exhibent un assortiment alléchant de pralines, tartes, pâtisseries et confiseries. (02 7600 8238 ; www.pasticceriamarchesi.it ; Via Monte Napoleone 9 ; 7h30-20h lun-sam, 8h30-20h dim ; ; Montenapoleone)

Armani Privé

DISCOTHÈQUE

19 PLAN P. 54, A3

Au sous-sol de l'immense boutique Armani, ce club à l'esthétique japonaise contemporaine vous fera retrouver votre sérénité après la foire d'empoigne à l'entrée et le choc du prix des consommations. Botox et mèches peroxydées sont de bons arguments pour ne pas se voir refoulé. (02 6231 2655 ; www.armaniprivеclub.com ; Via Gastone Pisoni 1 ; cocktails 20 € ; 23h30-4h mer, ven et sam ; Montenapoleone)

HClub Diana

BAR À COCKTAILS

20 PLAN P. 54, D2

Niché au fond du hall du Sheraton, derrière un grand rideau en cuir, ce bar donnant sur un jardin propose un *aperitivo* varié. Prenez une coupelle de pêches Bellini fraîchement pressées et rejoignez les gens de la mode près du bassin à l'éclairage doux, à l'ombre des magnolias. (☎02 2058 2081 ; www.dianagardenmilan.com ; Viale Piave 42, Sheraton Diana Majestic ; cocktails 15 €, brunchs 38-43 € ; 7h-22h ; wifi ; M Porta Venezia)

Sant'Ambroeus

CAFÉ

21 PLAN P. 54, B4

Illuminé par des lustres en verre de Murano, ce bar Belle Époque est une institution dans le quartier. Une clientèle très élégante vient y siroter des espressos et cocktails hors de prix, tandis que des dames d'un certain âge aiment y prendre le thé après avoir choisi au comptoir une pâtisserie à la décoration fantaisiste. (☎02 7600 0540 ; www.santambroeusmilano.it ; Corso Matteotti 7 ; cocktails 10 € ; 8h-21h lun-sam, 9h-21h dim ; M San Babila)

Pandenus

BAR

22 PLAN P. 54, D1

Nommée d'après le pain aux noix qu'elle produisait jadis, cette boulangerie propose un buffet apéritif au succès grandissant, avec *focaccie*, petites pizzas et *bruschette* parmi les meilleures de Milan. À proximité de la fondation Marconi, elle attire une foule d'artistes branchés. Autres succursales dans la ville. (☎02 2952 8016 ; www.pandenus.it ;

Musique underground

Référence de la scène alternative milanaise, le **Tunnel** (☎339 403 2702 ; facebook.com/TunnelClubMilan/ ; Via Sammartini 30 ; 15-25 € ; 22h-5h ven, 23h30-5h sam ; M Centrale) prend au sérieux son titre de meilleure discothèque underground, et occupe un tunnel sous les voies ferrées de la Stazione Centrale. Les soirées Le Cannibale du vendredi voient passer des groupes indé et électro, tandis que le samedi soir l'endroit attire les meilleurs DJ de la scène techno.

Via A Tadino 15 ; , brunchs 16-22 € ; 7h30-23h lun-ven, 8h-23h sam-dim ; wifi ; M Porta Venezia)

Bar Basso

BAR

23 PLAN P. 54, F1

Dans ce beau bar d'angle ont été inventés le *sbagliato*, Negroni dans lequel le prosecco remplace le gin, et le concept du *mangia e bevi* ("mange et bois"), qui consiste à arroser d'alcool une coupe géante de fraises, de sabayon et de glace à la noisette. Point de ralliement des créatifs durant la Design Week. (☎02 2940 0580 ; www.barbasso.com ; Via Plinio 39 ; cocktails 7 € ; 9h-1h15 mer-lun ; M Lima)

Musique électronique révolutionnaire

Comme ailleurs en Italie, les auteurs-compositeurs-interprètes ont longtemps foisonné à Milan. La passion de cette ville pour la musique classique, conjuguée à ses prouesses en ingénierie, l'a poussée à se concentrer sur l'expérimentation et le rejet des concepts traditionnels de mélodie et d'harmonie. En résonance avec les tendances iconoclastes du mouvement futuriste d'après-guerre, les compositeurs italiens se sont intéressés à la "forme" physique de la musique et à son impact psychologique. En 1955, cela a abouti à l'ouverture du Studio di Fonologia Musicale (également appelé RAI Milan), premier centre voué à la recherche sur l'électronique et l'électroacoustique en Italie. Cette fascination pour la musique électro et techno perdure dans des lieux comme le Tunnel (p. 61) et le VOLT (p. 118).

Shopping

Aspesi

MODE, ACCESSOIRES

24 PLAN P. 54, B4

La taille du nouveau magasin conçu par Dordoni Architetti – à quelques mètres seulement de l'ancienne adresse via Monte Napoleone – témoigne de l'affection des Italiens pour cette marque : le manteau Aspesi est de rigueur pour un week-end nature, tandis que les tenues décontractées mettent à l'aise pour renouer avec la vie urbaine. Cet immense espace industriel un peu prétentieux tranche avec le pragmatisme de l'enseigne, qui réconcilie sobriété avec articles de sport. (02 7602 2478 ; www.aspesi.com ; Via San Pietro all'Orto 24 ; 10h15-19h lun-ven, 10h-19h sam, 10h-14h et 15h-19h dim ; M San Babila, Montenapoleone)

43 Cycles

VÉLOS

25 PLAN P. 54, B3

L'établissement de bicyclettes sur mesure d'Alberto Crivellenti a recours au soudo-brasage de l'acier, et certains de ses modèles arborent des détails en daim ou en peau d'alligator. On s'y rend pour des vélos personnalisés où tout est fait à la main, jusqu'aux sonnettes en bronze et en cuivre. L'enseigne nourrit actuellement le projet de fabriquer le premier vélo électrique séduisant, équipé d'un moteur miniature développé par l'École polytechnique de Milan. (340 898 9402 ; www.43cycles.com ; Via Manzoni 43 ; 10h-19h lun-sam ; M San Babila)

Imarika

MODE

26 PLAN P. 54, D3

La *fashionista* Benedetta Bevilacqua débusque les visionnaires du design doués pour les couleurs audacieuses, les imprimés incomparables et les silhouettes sculptées, qu'elle présente dans cette boutique accueillante. Son œil subtil en fait une styliste précieuse, et Imarika est l'adresse idéale pour des conseils authentiquement milanais sur votre look. (☎ 02 7600 5268 ; www.imarika.com ; Via Giovanni Morelli 1 ; 🕒 15h-19h30 lun, 10h-13h30 et 15h-19h30 mar-sam ; 🚋 9, 19)

Larusmiani

MODE, ACCESSOIRES

27 PLAN P. 54, B4

Les métrosexuels du monde entier se ruent sur cette boutique d'art de vivre et de vêtements chics, fief des experts de l'apparence soignée G. Lorenzi. Aldo Lorenzi, qui habille les familles aristocratiques depuis 1929, propose ici plus de 100 styles de ciseaux à ongles, boîtes à boutons de manchette en noyer et panoplies de pique-nique distinguées, exposés dans des vitrines vintage, faites de noyer et de broussin. (☎ 02 7600 6957 ; www.larusmiani.it ; Via Monte Napoleone 7 ; 🕒 10h15-19h30 lun-sam, 10h-14h et 15h-19h dim ; M Montenapoleone)

Doriani

MODE, ACCESSOIRES

28 PLAN P. 54, B4

Fondé en 1930, Doriani est célèbre pour ses polos, cardigans et pulls en cachemire d'une extrême douceur. Hommes politiques, hommes d'affaires et footballeurs apprécient l'élégance sobre de la collection masculine, ses coupes classiques et ses coloris discrets. (☎ 02 7600 8012 ; www.doriani.it ; Via Sant'Andrea 2 ; 🕒 10h30-18h30

Galleria moderna d'Arte (p. 55)

lun-ven, 10h30-19h sam, 10h30-13h30 et 14h30-18h30 dim ; M Montenapoleone, San Babila)

Borsalino

MODE, ACCESSOIRES

29 PLAN P. 54, B4

Avant d'ouvrir sa première boutique en 1857, le maître chapelier Giuseppe Borsalino a été sept ans apprenti à Paris. Resté le couvre-chef le plus célèbre d'Italie avec son chic ruban de gros-grain, le *fedora* en feutre de lapin coiffe les célébrités Denzel Washington et John Malkovich. Plus récemment, la marque a lancé une ligne de bonnets, et même de casques de moto. (02 7601 7072 ; www.borsalino.com ; Via Sant'Andrea 5 ; 10h15-13h15 et 14h-19h lun-ven, 10h-13h et 14h-19h sam ; M Montenapoleone)

Car Shoe

CHAUSSURES

30 PLAN P. 54, C4

Passé sous le giron de Patrizio Bertelli (M. Prada), le célèbre modèle des années 1960 mi-chaussure de sport, mi-mocassin chic fait son grand retour dans son magasin-enseigne. Il existe désormais une collection pour femmes et enfants. (02 7602 4027 ; www.carshoe.com ; Via della Spiga 1 ; 10h-19h ; M San Babila)

Sermoneta

MODE, ACCESSOIRES

31 PLAN P. 54, B3

Cette petite boutique de la Via della Spiga vend aussi bien des gants traditionnels cousus main en cuir de vachette que des modèles plus inhabituels en cuir de poney ou de pécari. (02 7631 8303 ; www.sermonetagloves.com ; Via della Spiga 46 ; 11h-19h ; M Montenapoleone)

Etro

MODE, ARTICLES MÉNAGERS

32 PLAN P. 54, B4

En 1968, le prodige local Gimmo Etro fondait une marque de prêt-à-porter toujours gérée par sa famille aujourd'hui. À contre-courant du penchant milanais habituel pour le minimalisme, Etro glorifie la couleur et les motifs, avec des blazers à carreaux et des manteaux réversibles en peau de mouton descendant aux chevilles, à l'intérieur couvert d'imprimés. Ses fioritures cachemires caractéristiques ornent aussi bien ses écharpes et ses cravates que ses sacs à main et ses articles d'ameublement. (02 7600 5049 ; www.etro.it ; Via Monte Napoleone 5 ; 10h15-19h lun-ven, 10h-19h sam, 11h-19h dim ; M San Babila)

DMag

MODE, ACCESSOIRES

33 PLAN P. 54, B3

Les boutiques dégriffées étant habituellement installées en périphérie de la ville, celle-ci, en plein centre, mérite d'être signalée. On y trouve toutes les grandes marques, mais les articles paraissent plutôt passés de mode. Mais en cherchant bien, on peut dénicher des pièces de créateurs à 20% du prix d'origine. (02 3651

4365 ; www.dmag.eu ; Via Manzoni 44 ; 10h-19h30 ; M Montenapoleone)

Gallo

MODE, ACCESSOIRES

34 PLAN P. 54, A4

Gallo a beau proposer de nouvelles collections chaque saison, les hommes d'affaires milanais ne jurent que par ses éternelles chaussettes à rayures en soie, laine de coton et cachemire, sans doute pour égayer en toute discrétion leur costume sévère. Large choix pour hommes, femmes, enfants et nouveau-nés. (02 78 36 02 ; www.gallo1927.com ; Via Manzoni 16 ; 10h-19h ; M Montenapoleone)

Culti

ARTICLES MÉNAGERS

35 PLAN P. 54, C3

Les fragrances salées de cette enseigne font beaucoup d'adeptes, et ses bouquets floraux sont rehaussés d'accents de roseau et de bois flotté. (02 8398 6600 ; www.culti.com/it/ ; Corso Venezia 53 ; 10h30-14h et 15h-19h30 mar et dim, 10h30-19h30 mer-sam ; M Palestro)

Etro

Promenade à pied

Voyage architectural

Milan présente un mélange de styles architecturaux qui illustre son évolution vers une métropole moderne. Entre centres commerciaux néoclassiques, palais baroques et boulevards du XIXe siècle, bordés de batiments de style Art nouveau et de villas d'architecture rationaliste, voici une balade à travers les modes architecturales.

La promenade

Départ Piazza del Duomo ; M Duomo

Arrivée Piazza Duca d'Aosta ; M Centrale FS

Distance 4,5 km

Durée 2 heures

❶ Galleria Vittorio Emanuele II

Cette galerie de verre et d'acier (p. 44) est l'ancêtre des centres commerciaux modernes. Elle abrite des boutiques et cafés parmi les plus anciens de Milan, dont le Camparino (p. 42), fondé en 1867 et le **Savini**, où Charlie Chaplin déclara : "Je n'ai jamais si bien mangé."

❷ Casa degli Omenoni

Rejoignez au nord la Via degli Omenoni pour contempler les atlantes (ou télamons) sculptés sur la façade de la **Casa degli Omenoni** (maison des télamons), une résidence d'artiste du XVIe siècle. Ces colosses sont devenus un modèle d'architecture décorative milanaise.

❸ Quadrilatère d'or

Bordée de boutiques de stylistes, la Via Monte Napoleone forme le cœur du quartier de la mode. Elle était jadis jalonnée de petits épiciers et merciers qui fournissaient les demeures des nobles. Admirez le décor Renaissance du Museo Bagatti Valsecchi (p. 53).

❹ Villa Necchi Campiglio

Après la Grande Guerre, les architectes milanais adoptèrent le nouveau style moderniste, en particulier Piero Portaluppi, qui laissa son empreinte Art déco et rationaliste sur toute la ville. Voyez notamment la Villa Necchi Campiglio (p. 55), avec son terrarium, ses volets électriques révolutionnaires et la première piscine privée de Milan.

❺ Casa Galimberti

Délimitant les **Giardini Pubblici** à l'est, le Corso Venezia est bordé de palais de styles néoclassique et Art nouveau. Dans la Via Malpighi, la **Casa Galimberti** (M Porta Venezia) incarne cette tendance, avec son exubérante façade en céramique et ses balcons en fer forgé.

❻ Tour Pirelli

Finissez à la **Stazione Centrale** (www.milanocentrale.it ; Piazza Duca d'Aosta ; M Centrale FS), la plus grande gare d'Italie, ornée de chevaux ailés, de médaillons et de mosaïques. En face, contrastant avec ce style Art déco élaboré, la **Torre Pirelli** (1955-1960) de Gio Ponti dresse sa gracieuse silhouette vers le ciel.

✕ Une petite pause ?

Arrêtez-vous pour un cappuccino et un mini *cornetto* (croissant) à la Pasticceria Cova (p. 53). Le soir, allez prendre l'*aperitivo* au LùBar (p. 58), dans la serre de la Villa Reale néoclassique.

Explorer

Brera et Parco Sempione

Les rues pavées et les immeubles anciens de Brera rappellent que Milan n'a pas toujours été une métropole moderne. Au cœur de ce quartier se dresse le Palazzo di Brera, collège de jésuites du XVIIe siècle occupé par la célèbre Académie des beaux-arts de Brera depuis 1776.

Ainsi dominée par l'académie (p. 72), Brera exsude un charme bohème. Vous serez certainement tenté par une matinée à la découverte de sa saisissante collection d'œuvres des vieux maîtres. Déambulez ensuite au gré des galeries et des vitrines de ses rues pavées, la Via Brera, la Via Solferino et la Via Madonnina étant les plus pittoresques de la ville. Déjeunez parmi les fleurs du Fioraio Bianchi Caffè (p. 80). Une fois repu, partez vers l'est visiter le Castello Sforzesco (p. 70) ou le musée du design de la Triennale (p. 77). En début de soirée, promenez-vous dans le parc jusqu'à l'Arco della Pace (p. 77) de Napoléon, magnifique au coucher du soleil, et entouré de bars à aperitivo.

Comment y aller et circuler

M Pour vous rendre à la Pinacoteca di Brera, prenez la ligne de métro M3 (jaune) jusqu'à Montenapoleone ou bien la M2 (verte) jusqu'à Lanza. Pour visiter le château et le parc, descendez à Cairoli sur la ligne M1 (rouge) ou à Lanza sur la M2 (verte).

Le tramway n°1 est pratique pour accéder à la rue commerçante qu'est la Via Vetero.

Plan de Brera et Parco Sempione p. 76

Castello Sforzesco (p. 70) FABER1893/SHUTTERSTOCK ©

Les incontournables

Castello Sforzesco

Cet illustre château de brique rouge fut la demeure de la puissante dynastie des Sforza, qui régnait sur Milan à la Renaissance. Touche-à-tout de génie, Léonard de Vinci en dessina les fortifications, puis Napoléon fit assécher les douves et retirer les ponts-levis. Le château regroupe aujourd'hui sept musées illustrant des pans de l'histoire culturelle et civile de Milan, du monument funéraire de Barnabé Visconti à la Pietà Rondanini.

PLAN P. 76, C3

02 8846 3700

www.milanocastello.it

Piazza Castello

Tarif plein/réduit 5/3 €

château 7h-19h30, musées 10h-17h30 mar-dim

M Cairoli

L'architecture

Pour asseoir leur pouvoir, les Sforza ont bâti un château à l'allure massive. En 1452, Francesco Sforza chargea l'architecte florentin Filarete de construire la tour centrale, qui adoucit le caractère austère et militaire de la forteresse, la transformant en une élégante résidence. Des bastions ornés de granit *serizzo* taillé en pointes de diamant soutiennent les remparts. Garnis de voûtes à pavillon, les appartements ducaux ont ensuite été décorés par Léonard de Vinci.

Le Musei d'Arte Antica

Parmi les fresques des appartements ducaux, ce musée d'Art ancien présente une prestigieuse collection médiévale. Des peintures murales paléochrétiennes au monument funéraire équestre de Barnabé Visconti, les pièces relatent l'histoire de la première *comune* d'Italie. De Vinci a réalisé la fresque qui décore le plafond octogonal de la Sala delle Asse (salle VIII), et la salle VI abrite l'immense Gonfalone (étendard) de Milan, qui représente saint Ambroise en broderie de fil d'or, de perles et de rubis.

La Pietà Rondanini

La dernière œuvre de Michel-Ange représente Marie soutenant avec difficulté le corps du Christ mourant. Sa simplicité exagérée lui vaut d'être souvent considérée comme la plus ancienne œuvre d'art moderne, bien qu'elle restât inachevée à la mort du maître en 1564.

Le Museo dei Mobili et la Pinacoteca

Des garde-robes et pupitres ducaux à la vaste collection d'art gothique lombard, on passe avec fluidité du musée du Meuble à la galerie d'art du château. Parmi les chefs-d'œuvre exposés, citons la *Madone Trivulzio* d'Andrea Mantegna, le *Saint Sébastien* de Vicenzo Foppa et le *Noli me tangere (Ne me touche pas)* de Bramantino.

★ À savoir

- Entrée des musées gratuite tous les premiers et troisièmes mardis du mois à partir de 14h.
- Nous vous recommandons vivement la visite des remparts et des sous-sols du château avec **Ad Artem** (www.adartem.it ; Via Lanzone 13 ; adulte 15-17 €, enfant 10-14 € ; 👪).
- Si vous manquez de temps, voyez en priorité les collections du Museo d'Arte Antica et la *Pietà Rondanini* de Michel-Ange.

Une petite pause ?

Par beau temps, prenez un verre en terrasse au **Bar Bianco** (www.bar-bianco.com ; Parco Sempione ; 9h-1h dim-jeu, 9h-2h ven-sam été, 9h-20h hiver ; 📶 👪 🐾 ; M Lanza).

Pour quelque chose de plus consistant, essayez l'élégant Rovello 18 (p. 78).

Les incontournables

Pinacoteca di Brera

Installée au-dessus de l'académie de Brera, cette galerie accueille la collection des vieux maîtres de Milan, dont une grande partie fut "prise" par Napoléon durant ses campagnes en Italie. Si Rembrandt, Goya et Van Dyck ont droit de cité, on vient surtout pour les grands artistes italiens. Beaucoup d'œuvres frappent par leur charge émotionnelle, telle la saisissante Lamentation sur le Christ mort *de Mantegna.*

PLAN P. 76, E3

02 72 26 31

www.pinacotecabrera.org

Via Brera 28

Tarif plein/réduit 15/10 €

9h30-18h30 mar-dim

M Lanza, Montenapoleone

Les fresques lombardes

La visite débute par un festival de chefs-d'œuvre de la Renaissance tapissant un couloir, des *Hommes d'armes* de Donato Bramante aux fresques de Bernardino Luini, provenant de l'église Santa Maria della Pace (détruite) et de la Villa Pelucca. Si les tableaux de Luini représentant des jeunes filles joueuses trahissent l'influence de Léonard de Vinci, mélangeant innovations Renaissance et scènes typiquement milanaises, les soldats de Bramante témoignent de l'apport de la perspective pour créer l'illusion. La salle IA renferme une reconstitution de la chapelle de Mocchirolo (XIVe siècle) et de son splendide cycle de fresques, attribué à Giotto.

Bellini et Mantegna

Dans la salle VI, les œuvres de Giovanni Bellini et d'Andrea Mantegna font partie des pièces maîtresses de la section vénitienne. Comme Bramante avant lui, Mantegna se passionnait à la fois pour le sens rigoureux de la perspective et le classicisme, qu'il associe dans un raccourci saisissant avec *La Lamentation sur le Christ mort*. Bien qu'influencé par Mantegna, Bellini s'inscrit dans une humanisation graduelle du sujet, que soulignent les effets de couleur et de lumière du paysage entourant ses madones aux yeux tristes et sa *Pietà*, d'une grande tendresse.

Titien, le Tintoret et Véronèse

La Renaissance connaît son apogée à Venise au XVIe siècle où évoluent entre autres artistes talentueux Tiziano Vecellio dit Titien, Jacopo Robusti dit le Tintoret et Paolo Caliari dit Véronèse. Face au déclin de Rome et à l'oppression de la morale (dont les Vénitiens licencieux se moquent) ailleurs en Italie, Venise peut se prévaloir de la richesse des doges et d'un gouvernement puissant et stable,

★ À savoir

- Prévoyez au moins une demi-journée pour voir les 38 salles sans courir.
- Des audioguides en italien et anglais, sont en location (5 €).
- On peut assister à des concerts tous les troisièmes jeudis soir du mois, de 18h à 22h15, moyennant un tarif de 3 €.

Une petite pause ?

Prenez au nord par les rues charmantes de Brera pour goûter les vins racés du N'Ombra de Vin (p. 81).

Comprendre la collection

Napoléon amassait des chefs-d'œuvre de toute la Lombardie, de Vénétie, d'Émilie et des Marches dans le but avoué de créer "le Louvre italien". Organisées comme un voyage dans le temps et dans l'espace, les 38 salles de cette galerie procèdent par ordre chronologique du XIIIe au XXe siècle, s'intéressant à divers styles et écoles régionales et brossant un portrait unique de la culture italienne au fil des âges.

propices à l'épanouissement du mécénat et des arts avec Titien comme figure de proue. La salle IX réunit certains de leurs plus beaux chefs-d'œuvre, dont un *Saint Jérôme* de Titien et *Le Dîner chez Simon* de Véronèse.

L'école d'Urbin

Grand peintre du début de la Renaissance, Piero della Francesca est engagé par le comte Montefeltro d'Urbin en 1474. On doit à cet artiste et mathématicien toscan, surtout connu pour son cycle de fresques représentant *La Légende de la Vraie Croix* dans la Basilica di San Francesco d'Arezzo, l'imposant retable de Montefeltro, dit aussi

La Pinacoteca di Brera

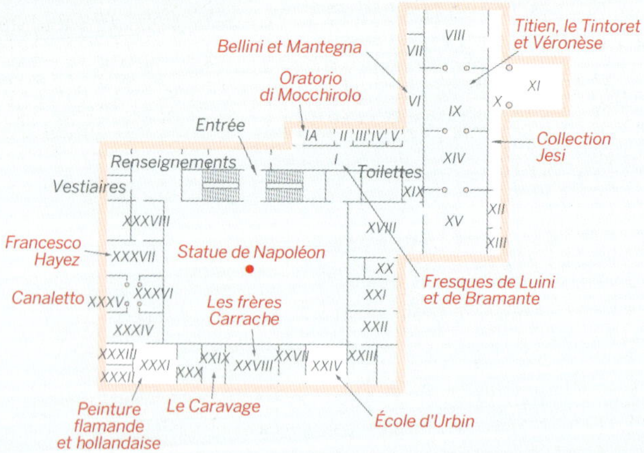

Palazzo Citterio

Après une restauration ayant duré 40 ans et coûté 23 millions d'euros, ce palais du XVIIe siècle devrait rouvrir ses portes en 2022 en tant que nouveau centre moderniste de Brera. Avec ses ajouts des années 1970 et son vaste bunker de béton, cette incroyable surface de 6 500 m² jalonnée de fresques est le résultat du travail collectif d'augustes architectes comptant Giancarlo Ortelli, Edoardo Sianesi, Franco Russoli et James Stirling (décédé durant le projet). Elle est reliée à la galerie principale par l'Orto Botanico, récemment rénové, où trône une sculpture de Mimmo Paladino, le *Longobard Wall*, créée à partir des gravats de décennies de restauration du palais.

Vierge à l'Enfant (1472-1474). Clou de la salle XXIV, il contraste avec la représentation moins stricte et plus naturelle du *Mariage de la Vierge* peint par Raphaël en 1504.

Le Caravage

Les palettes sombres et les couleurs étincelantes de l'école baroque émilienne de la fin du XVIe et du début du XVIIe siècle ne préparent pas au choc émotionnel que procure la vue du seul Caravage de la pinacothèque, *Le Souper à Emmaüs,* dans la salle XXIX, sombre et austère. Le classicisme formel de Raphaël et les effets maniéristes des Carrache font place au naturalisme, délimité par un jeu de clair-obscur conflictuel.

Les maîtres flamands

Une petite sélection de peintures flamandes et hollandaises (salles XXXI et XXXIII) vient compléter l'immense fonds italien de la pinacothèque. Des toiles de Rubens, Van Dyck et Jan Fyt arrivèrent du Louvre en 1813 et, en 1855, Peter Oggioni fit don de tableaux de maîtres de l'école d'Anvers (Jan de Beer) et autres flamands (Hans Memling) ou d'artistes allemands (Herman Rode). À la lumière de tout ce qui a précédé, l'influence de la Renaissance saute aux yeux.

Le XIXe siècle

Les dernières salles portent sur le début du XIXe siècle, époque à laquelle la pinacothèque gagne en notoriété. Les œuvres d'art se font plus légères, empreintes du romantisme et du patriotisme découlant de l'unité italienne. On passe des représentations pittoresques de Venise par Canaletto aux portraits de la noblesse lombarde de Francesco Hayez, directeur à l'académie et auteur du *Baiser* (1859). Ce tableau, dont l'intense luminosité symbolise les espoirs du Risorgimento (période de l'unification italienne), a été l'un des plus reproduits de la pinacothèque.

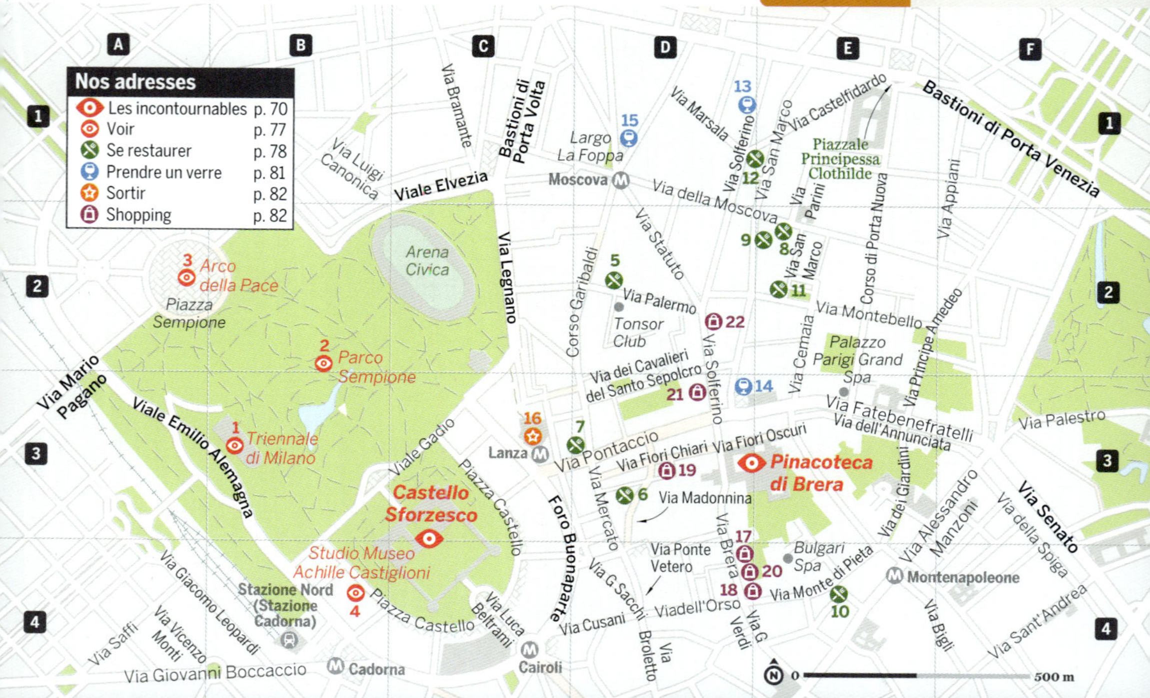
Nos adresses
Les incontournables p. 70
Voir p. 77
Se restaurer p. 78
Prendre un verre p. 81
Sortir p. 82
Shopping p. 82
A
B
C
D
E
F
1
2
3
4
Bastioni di Porta Venezia
Bastioni di Porta Volta
Viale Elvezia
Via Legnano
Via Bramante
Via Luigi Canonica
Largo La Foppa
Moscova
Via Marsala
Via Solferino
Via San Marco
Via Castelfidardo
Piazzale Principessa Clothilde
Via Parini
Via della Moscova
Via Statuto
Via Appiani
Corso di Porta Nuova
Corso Garibaldi
Via Palermo
Tonsor Club
Via Montebello
Via Cemaia
Via Principe Amedeo
Palazzo Parigi Grand Spa
Via dei Cavalieri del Santo Sepolcro
Via Fatebenefratelli
Via dell'Annunciata
Via Palestro
Arena Civica
3 Arco della Pace
Piazza Sempione
2 Parco Sempione
1 Triennale di Milano
Via Mario Pagano
Viale Emilio Alemagna
Viale Gadio
Castello Sforzesco
Piazza Castello
Studio Museo Achille Castiglioni
4
Stazione Nord (Stazione Cadorna)
Cadorna
Via Giacomo Leopardi
Via Saffi
Via Vicenzo Monti
Via Giovanni Boccaccio
Lanza
Via Pontaccio
Via Fiori Chiari
Via Fiori Oscuri
Pinacoteca di Brera
Via Mercato
Via Madonnina
Foro Buonaparte
Via Luca Beltrami
Cairoli
Via G Sacchi
Via Cusani
Via Ponte Vetero
Viadell'Orso
Via Broletto
Via Brera
Via G Verdi
Bulgari Spa
Via Monte di Pieta
Via dei Giardini
Via Alessandro Manzoni
Montenapoleone
Via Bigli
Via della Spiga
Via Senato
Via Sant'Andrea
0
500 m

Voir

Triennale di Milano

MUSÉE

1 PLAN P. 76, B3

La Triennale de Milan a remplacé la triennale des Arts décoratifs qui s'est déroulée pour la première fois en 1923 à Monza. Cette manifestation visait à promouvoir le design et les arts appliqués. Face à son succès, on construisit en 1933 le **Palazzo d'Arte** de Milan, qui accueille depuis toutes les formes de design. Les expositions restent en place toute l'année et présentent souvent des artistes internationaux. (triennale.org ; Viale Emilio Alemagna 6 ; tarif plein/réduit/-16 ans 8-12/6,50-10 €/gratuit ; 11h-20h mar-dim ; P ; M Cadorna)

Parco Sempione

PARC

2 PLAN P. 76, B2

Situé derrière le Castello Sforzesco, le Parco Sempione fut jadis la réserve de chasse des ducs Sforza. À son arrivée, Napoléon commença à l'aménager. Les Français y plantèrent des vergers, puis évoquèrent en 1891 l'idée d'en faire un vaste parc public. Il connut alors un grand succès et, aujourd'hui encore, les Milanais aiment à s'y promener. Datant de 1933, la **Torre Branca** (02 331 4120 ; museobranca.it/torre-branca-2 ; tarif plein/réduit 6/5 € ; 10h30-12h30 et 15h-18h30 mer et ven, 10h30-13h, 15h-18h30 et 20h30-minuit sam, 10h30-14h et 14h30-19h dim ; M Cadorna) en acier de Gio Ponti constitue une superbe plate-forme d'observation, perchée à 108 m au-dessus du parc. (6h30-coucher du soleil ; ; M Cadorna, Lanza)

Arco della Pace

MONUMENT

3 PLAN P. 76, A2

Situé à la lisière nord-ouest du Parco Sempione, cet arc de la paix de 25 m de haut a été conçu par Luigi Cagnola en 1807 d'après l'Arc de Triomphe de Paris, à la demande de Napoléon. Il marque le début du Corso Sempione, la route qui relie Milan à Paris via le col du Simplon (Sempione). Ironie du sort, les bas-reliefs de sa façade néoclassique ne représentent pas comme prévu une victoire de Napoléon, mais sa défaite

Brera à vélo

Le vélo est l'un des meilleurs moyens d'explorer Brera et le superbe Parco Sempione. **Rossignoli** (02 80 49 60 ; www.rossignoli.it ; Corso Garibaldi 71 ; location de vélo à la journée/semaine 13/70 € ; 10h15-13h et 14h30-19h30 mar-sam ; M Moscova) répond aux besoins cyclistes depuis 1926, soit quatre générations. Outre de jolies sonnettes, de ravissants paniers et des vélos de course haut de gamme, l'enseigne propose un service de location et des circuits dans la ville (réservez quelques jours à l'avance).

à la bataille de Leipzig (1813). (Piazza Sempione ; M Moscova, Cairoli)

Studio Museo Achille Castiglioni

MUSÉE

4 PLAN P. 76, B4

Architecte, designer et professeur, Achille Castiglioni fut l'une des personnalités italiennes les plus influentes du XXe siècle. Ce musée est aménagé dans l'atelier où il travaillait jusqu'à sa mort en 2002. Les visites, d'une durée d'une heure, font revivre sa créativité espiègle. Les détails abondent, des maquettes du canapé Hilly créé pour Cassina, aux nombreux objets l'ayant inspiré, comme fausses lunettes et selles de vélo. (02 805 36 06 ; www.fondazioneachillecastiglioni.it ; Piazza Castello 27 ; tarif plein/réduit 15/7-10 € ; visites 10h, 11h, midi mar-ven ; M Cadorna)

Se restaurer

Salumeria Le Tre Regioni

ÉPICERIE FINE €

5 PLAN P. 76, D2

Ne ratez pas cette étroite devanture, car elle ouvre sur une excellente épicerie familiale où vous pourrez vous confectionner un sandwich succulent à base de charcuterie de qualité et d'un bel éventail de fromages lombards. On y vend jus de fruits, bière et bouteilles de vin, et vous verrez souvent des gens se rassembler devant à 18h pour un *aperitivo* improvisé. (320 6940909 ; Via Palermo 16 ; sandwichs 3-5 € ; 7h30-20h mar-sam ; M Moscova)

L'Orto di Brera

VÉGÉTARIEN €

6 PLAN P. 76, D3

Les légumes colorés de cette épicerie locale bordent l'allée pavée de San Carpoforo telles des créations florales. À l'intérieur, un lieu original vous accueille pour dîner au milieu des paniers, des inventions végétales du chef Claudio Crotti, aussi disponibles à emporter. Propose en outre divers jus de fruits frais et vins biodynamiques. (www.ortodibrera.com ; Via San Carpoforo 6 ; repas 5-10 € ; 8h30-15h30 lun, 8h30-19h mar-sam ; M Lanza)

Rovello 18

OSTERIA €€

7 PLAN P. 76, D3

À l'entrée de cette humble *osteria* (taverne), un vaisselier où trônent de vénérables bouteilles de barolo donne un aperçu de la cuisine modeste, mais élégante et de grande qualité préparée par Michele de Liguoro. Polenta frite avec salami, artichauts ou crevettes précèdent des plats de pâtes maison aux *guanciale* (bajoues de porc) et lapin au four. (02 7209 3709 ; www.rovello18.it ; Via Tivoli 2 ; repas 35-50 € ; 12h30-15h30 et 19h-minuit mar-ven et dim, 19h-minuit sam ; M Lanza)

Volemose Bene

OSTERIA €€

8 PLAN P. 76, E2

Une clientèle nombreuse et bruyante apprécie le cadre campagnard outré (nappes à carreaux, tresses d'ail, pichets ceints d'osier) et la cuisine romaine très réussie de cet établissement chaleureux. Goûtez notamment les artichauts marinés, l'agneau rôti aux pommes de terre ou les *pasta all'amatriciana* (pâtes à la sauce tomate pimentée, au pecorino et au bacon). (02 3655 9618 ; www.volemosebenemilano.it ; Via della Moscova 25 ; repas 30-35 € ; 12h15-15h et 19h-23h ; M Moscova)

Latteria di San Marco

TRATTORIA €€

9 PLAN P. 76, E2

Si vous trouvez une place dans ce petit restaurant très fréquenté, vous dégusterez des classiques comme les *maccheroni al pomodoro e burro* (pâtes à la tomate et au beurre) et des créations du chef Arturo, telles les *polpettine al limone* (boulettes de viande au citron). La carte change chaque jour. Espèces uniquement. (02 659 76 53 ; Via San Marco 24 ; repas 35-40 € ; 12h30-14h30 et 19h30-22h lun-ven ; M Moscova)

Seta

GASTRONOMIQUE €€€

10 PLAN P. 76, E4

La Seta est tout ce que l'on peut attendre d'un restaurant étoilé

Triennale di Milano (p. 77)

Soins divins

Palazzo Parigi Grand Spa (plan p. 76, E3 ; 02 6256 2300 ; www.palazzoparigi.com ; Corso di Porta Nuova 1 ; soins à partir de 90 € ; 9h-21h ; M Turati). Sur les toits, spa somptueux avec grande piscine, club de fitness et hammam en marbre rose.

Tonsor Club (plan p. 76, D2 ; 02 4953 3040 ; www.tonsorclub.com ; Via Palermo 15 ; coupe et soins 10-43 € ; 11h-20h mar-ven, 10h-19h sam ; M Moscova). Barbier rétro offrant tonte au rasoir, massages du visage et certaines des plus belles coupes de cheveux de la ville.

Bulgari Spa (plan p. 76, E4 ; 02 805 805 200 ; www.bulgarihotel.com ; Via Privata Fratelli Gabba 7b ; soins à partir de 90 € ; 9h-21h ; M Montenapoleone). Le spa étoilé d'or d'Antonio Citterio propose des soins exclusivement à base de produits La Mer, Amala et Sothys.

au Michelin : belle, inventive et pleine de surprises gustatives. Laissez-vous surprendre par les plats originaux d'Antonia Guida, comme le chevreuil couleur prune avec un soupçon de sauce piquante à la mangue. À la fois ancré dans la tradition et subtilement audacieux, à l'image de Milan. (Mandarin Oriental ; 02 8731 8897 ; www.mandarinoriental.com ; Via Andegari 9 ; menu midi 3 plats 95 €, menu dégustation dîner 210-280 € ; 12h30-14h30 et 19h30-22h30 mar-sam ; P ; M Montenapoleone)

Fioraio Bianchi Caffè

ITALIEN, FRANÇAIS €€€

11 PLAN P. 76, E2

Cette ancienne boutique de fleurs offre un joli cadre pour un déjeuner léger à la française ou un délicieux *aperitivo*. Cuisine fraîche et inventive, avec une mention spéciale aux desserts comme la crème brûlée à la lavande provençale ou le strudel aux pommes et sa touche épicée. (02 2901 4390 ; www.fioraiobianchicaffe.it ; Via Montebello 7 ; repas 45-60 € ; 8h-23h lun-sam ; ; M Turati)

Ristorante Solferino

MILANAIS €€€

12 PLAN P. 76, D1

On salive ici depuis plus d'un siècle devant de copieux classiques (de l'osso-buco au risotto), d'inattendus *tortelloni* de poisson et de délicieux mets végétariens. Les Milanais ont un faible pour les pâtisseries maison du chef. Excellente sélection de vins. (02 2900 5748 ; www.ilsolferino.com ; Via Castelfidardo 2 ; repas 45-60 € ; midi-14h30 et 19h-22h30 ; ; M Moscova)

Prendre un verre

Dry

BAR À COCKTAILS

13 PLAN P. 76, D1

Créé par le chef étoilé au Michelin Andrea Berton, le Dry associe cocktails et pizzas raffinées. Parmi ses nombreux breuvages originaux, citons le Corpse Reviver (gin London Dry, Cointreau, Cocchi Americano et jus de citron) ou le Martinez (Genièvre de Boompjes, vermouth, marasquin et Boker's Bitters – whisky macéré avec des épices), qui doit son nom aux chercheurs d'or français à Martinez, en Californie, où est né le barman Jerry Thomas. (02 6379 3414 ; www.drymilano.it ; Via Solferino 33 ; cocktails 8-13 €, repas 20-25 € ; 19h-2h mar-dim ; ; Moscova)

N'Ombra de Vin

BAR À VINS

14 PLAN P. 76, D3

Aménagée dans le réfectoire d'un ancien monastère de l'ordre de Saint-Augustin, cette *enoteca* ouverte toute la journée propose quelques plats, tel le *carpaccio di pesce spade agli agrumi* (carpaccio d'espadon aux agrumes). Consultez le site Internet pour connaître les événements culturels et les soirées DJ organisés. (02 659 96 50 ; Via San Marco 2 ; 10h-2h lun-ven, 11h-2h sam-dim ; ; Lanza, Moscova)

Radetzky Café

BAR

15 PLAN P. 76, D1

Les places sur la banquette côté fenêtre sont très recherchées dans ce bar à *aperitivi* parmi les

Parco Sempione (p. 77)

ALESSANDRO PERAZZOLI/SHUTTERSTOCK ©

plus prisés de cette petite portion piétonne de la rue. En accord avec le thème russe, la carte propose saumon fumé, huîtres et caviar italien exclusif Adamas. Brunch le dimanche. (www.radetzky.it ; Corso Garibaldi 105 ; 8h-2h ; M Moscova)

Sortir

Piccolo Teatro Strehler THÉÂTRE

16 PLAN P. 76, C3

Conçue par l'architecte Marco Zanuso en 1998, cette salle pouvant accueillir 960 personnes est devenue l'un des pôles culturels de Milan, qui comprend aussi le Teatro Studio, Via Rivoli 6. (02 2112 6116 ; www.piccoloteatro.org ; Largo Greppi 1 ; M Lanza)

Shopping

F. Pettinaroli PAPETERIE

17 PLAN P. 76, D4

Adresse parmi les plus historiques de Milan, le Pettinaroli fournit depuis 1881 les plus beaux bureaux et sacs à main de la ville en luxueux articles de papeterie à monogrammes, carnets reliés en cuir et bourses cousues main. Les férus de cartographie y trouveront des cartes anciennes et des globes. Vous pourrez personnaliser vos cadeaux grâce à un service de calligraphie ou un monogramme estampillé à la main. (www.fpettinaroli.it ; Via Brera 4 ; 15h-19h lun, 10h-19h mar-sam ; M Montenapoleone)

Cavalli e Nastri MODE ET ACCESSOIRES

18 PLAN P. 76, D4

Réputée pour ses vêtements et accessoires vintage, cette boutique colorée propose une belle sélection de robes, sacs, bijoux et chaussures choisis parmi les collections des couturiers italiens du début et du milieu du XXe siècle, à des prix en conséquence. L'enseigne possède un **magasin pour hommes** (Via Gian Giacomo Mora 3 ; 10h30-13h30 et 1h30-29h30 lun-sam, midi-19h dim ; 2, 14). (www.cavallienastri.com ; Via Brera 2 ; 10h30-13h30 et 14h30-20h30 lun-sam, midi-19h dim ; M Montenapoleone)

Il Cirmolo VINTAGE

19 PLAN P. 76, D3

Fournisseur d'objets anciens, insolites ou vintage depuis les années 1960, Il Cirmolo est un petit havre de gaieté. Vous pouvez passer toute une matinée à fureter parmi enseignes d'époque, modèles anatomiques étranges, lampes, frises, et même une ou deux pièces de carrosserie. Ne vous étonnez pas d'en ressortir avec une Betty Boop grandeur nature. (02 805 28 85 ; ilcirmolo.it ; Via Fiori Chiari 3 ; 15h-19h lun, 11h-19h mar-sam ; M Lanza)

Rigadritto CADEAUX, SOUVENIRS

20 PLAN P. 76, D4

Ce magasin coloré, où il n'est guère aisé de "bien se tenir", comme l'exige pourtant l'enseigne, est constellé d'une ribambelle de petits autocollants, trombones et crayons. Vous repartirez malgré vous chargé de voitures vintage, de boîtes à crayons en forme de chaussures de foot, de jouets mécaniques et de cartes fantaisistes aux reliefs découpés. (02 8058 2936 ; Via Brera 6 ; 10h30-19h30 lun-sam, 11h-19h dim ; ; M Montenapoleone)

Malìparmi

MODE, ACCESSOIRES

21 PLAN P. 76, D3

Tout a commencé à Padoue, lorsque Marol Paresi a décidé d'associer son goût pour les voyages à ses talents créatifs pour fabriquer vêtements et accessoires d'inspiration ethnique, agrémentés de perles, brodés ou imprimés. Sa fille travaille désormais avec elle et possède plusieurs boutiques dans le monde ; mais elle réserve toujours à cette adresse ses pièces les plus colorées. (02 7209 3899 ; www.maliparmi.it ; Via Solferino 3 ; 15h-19h lun, 10h15-19h mar-jeu et sam, 10h-19h ven ; M Moscova)

The Slowear Store

MODE, ACCESSOIRES

22 PLAN P. 76, D2

Inspiré de la philosophie Slow Food, le magasin Slowear propose une sélection de marques éthiques pour hommes (Incotex, Zanone), à la fois polyvalentes, indémodables et confortables. Outre ces vêtements bien conçus, vous pourrez y acquérir d'excellents vinyles, des verreries vénitiennes Carlo Moretti, de gracieuses lunettes de soleil, des portefeuilles en cuir ciré et des casques de mobylette branchés. (02 6347 1384 ; www.slowear.com ; Via Solferino 18 ; 10h30-19h30 lun-sam, 11h-20h dim ; M Moscova)

Papeterie F. Pettinaroli (page ci-contre)

a 19,90€
TIM
FIBRA
1000 MEGA
4.5G

Explorer

Porta Garibaldi et Isola

Résidence du gratte-ciel à la silhouette effilée de César Pelli, de la "serre" contemporaine de Herzog & de Meuron, et des immeubles d'appartements garnis de jardins suspendus de Stefano Boeri, le secteur entre Porta Garibaldi et Porta Nuova est pour Milan l'équivalent miniature de Manhattan. L'élégant Corso Como relie le Corso Garibaldi à Isola, quartier branché qui recèle bars, restaurants et boutiques tendance.

Commencez par la visite du Cimitero Monumentale (p. 89). Inauguré en 1886 par Carlo Maciachini, ce cimetière est devenu un musée à ciel ouvert surréaliste. Tout de suite au sud s'étend Chinatown, l'un des lieux les plus cosmopolites de la ville, parfait pour déjeuner. Sinon, vous pouvez rejoindre à l'est les environs plus opulents de la Porta Garibaldi, où se dresse le grand magasin Eataly (p. 92). L'après-midi, visitez la Piazza Gae Aulenti (p. 89), idéale pour admirer les gratte-ciel de verre de Milan, puis traversez le parc pour atteindre Isola. Écumez quelques bars sur la Via Pastrengo et la Via Thaon di Revel avant de vous précipiter à une table du restaurant à ramen du moment.

Comment y aller et circuler

M L'arrêt Garibaldi des lignes de métro M2 (verte) et M5 (lilas) donne accès au cimetière et aux soirées animées du Corso Como. Pour rejoindre Isola, continuez sur la ligne M5 (lilas), dont les arrêts Isola et Zara se révèlent pratiques.

Les tramways n^os^2, 4 et 33 sont utiles pour aller au cimetière, et le n°33 va jusqu'à Isola.

Plan de Porta Garibaldi et Isola p. 88

Piazza Gae Aulenti (p. 89) DANYSKAR/SHUTTERSTOCK ©

Promenade à pied

Promenade de week-end

Au nord des tours de Porta Nuova, vous arriverez à Isola – "île" en italien –, justement isolée par les voies ferroviaires de Porta Garibaldi. Dans ce quartier ouvrier d'après-guerre, la communauté est très soudée, et ses modestes immeubles d'appartements de style Art nouveau hébergent étudiants, immigrants et scène artistique effervescente. À visiter le samedi pour le marché, ou le dimanche pour un brunch.

La promenade

Départ Via Carlo de Cristoforis ; M Garibaldi FS

Arrivée Via Pollaiuolo ; M Isola

Distance 2,1 km

Durée 2 heures

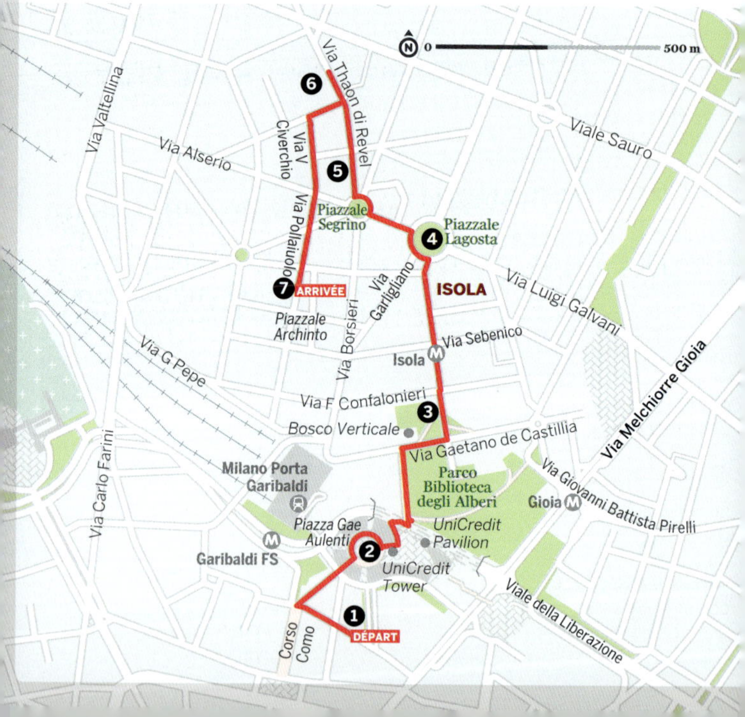

❶ Gourmandises chocolatées

Commencez au sud de la voie ferrée par l'historique Zaini (p. 95), chocolatier milanais qui distribue sa propre marque. Ouvert en 1913, il occupe toujours le site d'origine.

❷ Milan, beauté moderne

Explorez la Piazza Gae Aulenti (p. 89), cernée de gratte-ciel étincelants, tels que la tour UniCredit de César Pelli, et du pavillon UniCredit de Michele de Lucchi, en forme de gousse. Au nord, après le parc, s'élève le Bosco Verticale de Stefano Boeri.

❸ Casa della Memoria

La **maison de la Mémoire** (02 8844 4102 ; www.casadellamemoria.it ; Federico Confalonieri 14 ; gratuit ; 9h-17h30 mar-dim ; M Isola) de Milan est un musée doublé d'un mémorial dédié aux citoyens auxquels les guerres, le terrorisme et les conflits civils ont ôté la vie. La journée, on devine sur sa façade en brique les visages pixellisés de 19 victimes, par un habile tour de passe-passe qui rappelle que la compréhension de phénomènes sociaux complexes prend du temps.

❹ Tour au marché

Le samedi, c'est jour de marché dans les halles de la **Piazzale Lagosta**. Comme il n'y a ni supermarchés ni centres commerciaux à Isola, tout le monde se rassemble ici pour faire ses courses de la semaine.

❺ Via Thaon di Revel

Étant donné ses racines sociales fortes, Isola est le terreau de nombreuses sous-cultures, dont une importante communauté de motards. Celle-ci s'articule autour de la Via Thaon di Revel, où vous rencontrerez boutiques et bars de *bikers*, ainsi que l'immense magasin Deus Ex Machina (p. 95).

❻ Santuario di Santa Maria alla Fontana

Pendant des siècles, les Milanais souffrants ont cheminé jusqu'à Isola pour chercher la guérison dans ses bassins miraculeux. Quand le gouverneur militaire français Charles II d'Amboise fut soigné par une source en 1507, il y fit construire ce **sanctuaire** (02 688 70 59 ; mariamadredellamisericordia.it ; Piazza Santa Maria alla Fontana 11 ; gratuit ; 8h-midi et 15h-19h ; M Zara). Son attrait principal est son *sacellum*, inspiré d'un hammam romain.

❼ Rues de l'art

Enfin, baguenaudez sur la **Via Pollaiuolo** et la **Via Carmagnola** pour contempler certaines des meilleures œuvres de *street art* de Milan, réalisées par des artistes comme Zibe, Ozmo et Pao. À Isola, quartier à l'ambiance plus permissive, bien des créations restent visibles. Mention spéciale à la pièce qui habille le Frida (p. 93), lieu de rendez-vous local où nous vous conseillons de terminer avec un verre.

Berberè

PIZZA €

5 PLAN P. 88, D2

Originaires de Bologne, les frères Matteo et Salvatore vous promettent dans ce décor immersif de coopérative des années 1950 pizzas et bières artisanales succulentes. De la farine Alce Nero (déclinée à l'épeautre, à l'engrain et au blé khorasan, qui donnent une croûte plus claire que le froment) à la mozzarella Ponteré en passant par les tomates de Torre Guaceto et le *fior di latte* (fromage à pâte filée) des Pouilles, tous les ingrédients sont choisis avec minutie pour obtenir les meilleures saveurs. Réservation conseillée. (02 3670 7820 ; www.berberepizza.it ; Via Sebenico 21 ; pizza 6-13 € ; 12h30-14h30 et 19h-23h30 ; M Isola)

La Ravioleria Sarpi

CHINOIS €

6 PLAN P. 88, A4

Les plats à emporter de ce restaurant chinois sans prétention font fureur à Milan. Ils sont le fruit de la collaboration d'un jeune étudiant chinois en économie et de la boucherie voisine de Walter Sirtori, figure milanaise aux produits d'origine contrôlée. En résultent divers *jiaozi* (raviolis chinois) rondelets, inspirés par ceux de la grand-mère d'Agie, à choisir parmi trois garnitures seulement : bœuf et poireau, porc et chou ou légumes grossièrement hachés. (331 887 0596 ; www.laravioleriasarpi.com ; Via Paolo Sarpi 27 ; raviolis 3-5 € ; 10h-15h et 16h-22h ; ; 12, 14)

Ratanà

MILANAIS €€

7 PLAN P. 88, D3

Installé dans un ravissant bâtiment de style Art nouveau qui appartenait naguère aux services ferroviaires, le néo-bistrot de Cesare Battisti communique d'authentiques saveurs milanaises. Le menu, composé de produits issus d'exploitations Slow Food, propose des classiques tels que potiron rôti à la *robiola* (fromage à pâte molle), risotto aux fanes de navet et langue de veau croustillante avec purée. Comporte un petit bar où se réunissent les gens du coin à l'heure de l'*aperitivo* (entre 18h30 et 20h). (02 8712 8855 ; www.ratana.it ; Via Gaetano de Castillia 28 ; repas 35-45 € ; 12h-14h30 et 19h-23h ; M Gioia)

Ristorante Berton

ITALIEN MODERNE €€€

8 PLAN P. 88, D4

Le chef étoilé Andrea Berton est l'un des cuisiniers les plus décorés de Milan, et le restaurant qui porte son nom occupe une tour de verre futuriste parmi les gratte-ciel de Porta Nuova. Décor en accord avec sa cuisine légère et contemporaine, qui entend faire "évoluer" la cuisine lombarde traditionnelle. Citons notamment les raviolis de riz, ou le veau cuit lentement avec des citrons du lac de Garde. (02 6707 5801 ; www.ristoranteberton.com ; Via Mike Bongiorno 13 ; menus 95-160 € ; 19h30-22h30 mar, 12h30-14h30 et 19h30-22h30 mer-sam ; ; M Repubblica)

Antica Trattoria della Pesa

MILANAIS €€€

9 PLAN P. 88, B4

Recette d'un repas teinté de nostalgie : rendez-vous dans le bâtiment où résida Hô Chi Minh dans les années 1930, ajoutez quelques personnalités littéraires des maisons d'édition voisines, servez des plats conviviaux – osso-buco saupoudré de *gremolata*, bifteck dans le filet aux grains de poivre vert et *cotoletta* (côte de veau panée) –, relevez d'un bon vin rouge et terminez par un onctueux sabayon à l'alcool (œuf et crème anglaise au marsala). (02 655 57 41 ; www.anticatrattoriadellapesa.com ; Viale Pasubio 10 ; repas 40-60 € ; 12h30-14h30 et 19h30-23h lun-sam ; M Garibaldi)

10 Corso Como Café

CAFÉ €€€

10 PLAN P. 88, C4

Cour de rêve tapissée de verdure et clientèle pittoresque de classe internationale vous attendent ici. Prenez place avec grâce sur ces chaises noir et blanc pour déguster des coupes de smoothies fruités, crudités croustillantes et crevettes grillées, ainsi qu'un sandwich au fromage très raffiné. De plus, l'endroit est idéal pour le thé de l'après-midi : caviar et blinis de votre choix (à partir de 55 €), et thé Mariage Frères. (02 2901 3581 ; www.10corsocomo.com ; Corso Como 10 ; repas 35-60 € ; 11h-minuit dim-jeu, 11h-1h ven-sam ; ; M Garibaldi)

Cimitero Monumentale (p. 89)

Eataly

Il y a peut-être peu de choses à voir dans ce quartier, mais il y en a beaucoup à goûter, d'excellentes trattorias traditionnelles en adresses multiculturelles et en bistrots dans le vent, servant des brunchs à l'américaine. Et au milieu de tout cela, sur la Piazza XXV Aprile 10, trône **Eataly** (plan p. 88, C4 ; 800 975 880 ; www.eataly.net/it_it/negozi/milano-smeraldo ; 8h30-23h ; ; M Moscova, Garibaldi), magasin alimentaire phare de Milan, et destination culte consacrée à la gastronomie italienne. Arpentez ses quatre niveaux comprenant 19 restaurants différents, dont l'ancien Alice Ristorante devenu **VIVA** (02 4949 7340 ; www.vivavivianavarese.it ; 1/2/3 plats 55/110/140 €, menu dégustation 130-170 € ; 12h30-14h30 et 19h-22h mar-sam ;) avec toujours à sa tête Viviana Varese dont la créativité et la cuisine colorée ont été récompensées d'une étoile Michelin.

Prendre un verre

Cantine Isola

BAR À VINS

11 PLAN P. 88, A4

Autour du beau comptoir rétro, près des assiettes de *bruschette*, goûtez au verre une sélection de 400 vins exceptionnels proposée par la famille Sarais, qui tient ce bar. (www.cantineisola.com ; Via Paolo Sarpi 30 ; 10h-22h mar-dim ; 12, 14)

oTTo

CAFÉ

12 PLAN P. 88, A4

Comment définir l'oTTo... C'est l'endroit, outre sa chambre d'hôtel, où l'on vient pour se sentir chez soi sans y être. Petit-déjeunez en compagnie des *co-workers* et des globe-trotters en milieu de matinée, ou mêlez-vous à eux à la pause déjeuner, autour d'un thé accompagné de gâteaux ou encore d'un *aperitivo* arrosé d'Aperol. Les *smørrebrød* (tartines) d'influence danoise sont sains, et on y organise des projections et autres événements. Que demander de plus ? (www.sarpiotto.com ; Via Paolo Sarpi 8 ; en-cas 5-12 € ; 12h-2h lun-ven, 10h-2h sam-dim ; ; M Garibaldi FS)

Ceresio 7

BAR

13 PLAN P. 88, B3

La vue dont jouit le bar en toit-terrasse le plus agréable de la ville se paie au prix fort. Sis au sommet du bâtiment années 1930 de l'ancienne compagnie d'électricité Enel, doté de deux piscines et d'un restaurant tenu par Elio Sironi (l'ex-chef du Bulgari Hotel), il est très couru de la belle société milanaise. En été, on peut passer la journée à la piscine moyennant 110 €, boissons et repas inclus. (www.ceresio7.com ; Via Ceresio 7 ;

aperitivo 18-20 €, repas 60-80 € ; 12h30-1h ; ; 2, 4)

Octavius Bar

BAR À COCKTAILS

14 PLAN P. 88, C3

Ce bar installé dans un intimidant gratte-ciel de verre de la Piazza Gae Aulenti surprend par son intérieur boisé, satiné et chaleureux, et par son ambiance rétro séduisante évoquant les paquebots des années 1930. Les cocktails sur mesure sont tout aussi raffinés. Le Suite 200 combine cachaça bio Yaguara, jus de citron vert, marasquin et un mélange maison de mangue, citron vert, figues et vinaigre. (www.replaythestage.com ; Piazza Gae Aulenti 4 ; cocktails 16-18 € ; 18h-minuit lun-sam ; ; M Garibaldi FS)

Frida

BAR

15 PLAN P. 88, C2

Le fouillis de tables dans la cour chauffée et les canapés à l'intérieur facilitent les rencontres avec une clientèle *arty* autour d'une bière ou d'un verre de vin du terroir. Le buffet de l'apéritif compte quantité de plats végétariens. Une adresse sans tralala à prix doux où passer un moment agréable en écoutant de la bonne musique. (www.fridaisola.it ; Via Pollaiuolo 3 ; 17h-1h lun, midi-1h mar et dim, midi-2h mer-sam ; ; M Zara, Garibaldi)

Botanical Club

BAR

16 PLAN P. 88, C2

Première incursion italienne dans le monde de la microdistillerie, le bar-bistrot de la mixologue Katerina Logvinova dispose d'une palette de plus de 150 gins, dont la marque de la maison, Spleen & Ideal, qui ose des ingrédients intéressants tels que le genévrier serbe et les fèves tonka. Accompagnez des mixtures aussi divines que le Chinese Dusk (gin London, saké, amer de prunes et liqueur de fruits) de plats contemporains comme le tartare de veau et la salade de crabe. (www.thebotanicalclub.com ; Via Pastrengo 11 ; repas 25-30 € ; 18h30-minuit mar-jeu, 18h30-1h30 ven-sam ; ; M Isola)

Eataly (page ci-contre)

SEARAIN / SHUTTERSTOCK ©

Alcatraz DISCOTHÈQUE

17 PLAN P. 88, B1

Fondé par la star du rock italien Vasco Rossi, l'Alcatraz accueille tout à la fois des concerts, des DJ, des défilés de mode et les clubbeurs dans un ancien garage de 3 000 m². Musique latino-house et reprises le vendredi, classiques rock and roll le samedi. (alcatrazmilano.it ; Via Valtellina 25 ; à partir de 10 € ; M Maciachini)

Sortir

Blue Note JAZZ

18 PLAN P. 88, C1

De grands noms du jazz du monde entier se produisent dans l'unique implantation européenne du célèbre Blue Note new-yorkais. Si vous n'avez pas réservé, des billets sont en vente à l'extérieur à partir de 19h30. (02 6901 6888 ; www.bluenotemilano.com ; Via Borsieri 37 ; billets 30-70 € ; 19h30-minuit mar-dim ; M Isola, Zara)

La Fabbrica del Vapore ARTS DU SPECTACLE

19 PLAN P. 88, A3

Les vastes entrepôts de cette ancienne usine de tramways accueillent aujourd'hui un centre artistique qui encourage les jeunes talents créatifs. Au programme toute l'année : danse, photos, théâtre, cinéma et concerts. (www.fabbricadelvapore.org ; Via Procaccini 4 ; gratuit ; ; 10, 12, 14)

10 Corso Como Café (p. 91)

Shopping

Claudio Calestani

BIJOUX, ACCESSOIRES

20 PLAN P. 88, C1

Pour le look motard et rock and roll ultime, commandez donc dans ce magasin d'argenterie renommé une chaîne de portefeuille sur mesure, un bracelet tressé de cuir et d'argent ainsi qu'une ceinture en iguane ou en cuir de veau, avec une boucle ornée de tourbillons d'argent réalisée avec la technique du moulage à la cire perdue. Leurs porte-clés, canifs et bijoux font aussi de superbes cadeaux. (www.claudiocalestani.it ; Via Thaon di Revel 3 ; 11h-19h mar-sam ; M Isola)

10 Corso Como

MODE, ACCESSOIRES

Bien qu'il incarne sans doute le summum du *concept-store* branché, le 10 Corso Como vaut le détour pour l'incroyable sélection d'articles concoctée par Carla Sozzani (ballerines Lanvin, poupées en laine Alexander Girard, chemisiers d'un créateur dont tout le monde parlera bientôt). À l'étage, un espace librairie vend des livres d'art et de design. La boutique comprend aussi un bar et un restaurant hyper-tendance, ainsi qu'une cour digne d'une carte postale (voir 10 plan p. 88, C4). (www.10corsocomo.com ; Corso Como 10 ; 10h30-20h ; M Garibaldi)

Zaini

CHOCOLATERIE

21 PLAN P. 88, C3

Ce paradis des sucreries se situe sur le site de la première chocolaterie de Luigi Zaini, ouverte en 1913. Vous pourrez volontiers savourer le chocolat chaud onctueux et décoré de boutons de rose servi au bar, mais le plus grand succès revient à l'"Emilia", délice de chocolat noir qui tient son nom de la nourrice qui testa de nombreuses recettes de la cuisine familiale. (www.zainimilano.com ; Via de Cristoforis 5 ; 7h45-19h lun, 9h-20h30 mar, mer et sam, 7h45-20h30 jeu et ven, 9h-19h dim ; ; M Garibaldi)

Deus Ex Machina

SPORTS, PLEIN AIR

22 PLAN P. 88, C1

Cet imposant avant-poste de la marque australienne pour surfeurs et motards ultra-branchés atteste la *vitalità* actuelle d'Isola. Naviguez parmi motos, bicyclettes, trousses à outils MAKR à dérouler, vêtements Carhartt et casques Bell en essayant de ne pas vous ruiner. Sinon, imprégnez-vous simplement de l'ambiance dans son restaurant intégré ou dans la cour intérieure rose, prisée des gens dans le coup pour l'*aperitivo*. (deuscustoms.com/cafes/milan ; Via Thaon di Revel 3 ; magasin 11h-19h mar-dim, 10h30-2h jeu-sam, café 10h30-1h dim-mer ; ; M Isola)

CVS AD DEI GLORIAM

Explorer

Corso Magenta et Sant'Ambrogio

La Cène *(p. 98) de Léonard de Vinci et la basilique Saint-Ambroise (p. 103) attirent à elles seules les visiteurs dans ce quartier arboré où se mêlent le sacré et le profane. Située sur la Piazza degli Affari (p. 103), la place boursière de Milan justifie la présence de boutiques chics sur le Corso Magenta. Au sud et à l'ouest, sous l'influence des étudiants de la tentaculaire Università Cattolica, l'ambiance est plus décontractée.*

Après avoir savouré une pâtisserie de Marchesi (p. 105), rejoignez le Museo Nazionale Scienza e Tecnologia (p. 100) pour découvrir les machines de Léonard de Vinci. Prenez un panini au De Santis (p. 105), puis allez voir la tombe de saint Ambroise dans la plus importante basilique de Milan, ou les fresques de Bernardino Luini dans la Chiesa di San Maurizio (p. 103). Dégustez ensuite un verre de vin à Ricerca Vini (p. 106) ou Bottiglieria Bulloni (p. 106), avant de vous rendre dans le réfectoire de la Basilica di Santa Maria delle Grazie (p. 103) pour admirer La Cène *de Léonard de Vinci.*

Comment y aller et circuler

M Pour le musée scientifique et la Basilica di Sant'Ambrogio, prenez la ligne de métro M2 (verte) jusqu'à Sant'Ambrogio. Pour le Corso Magenta et *La Cène*, vous pouvez descendre à Sant'Ambrogio ou à Cadorna, aussi desservi par la ligne M1 (rouge).

Le tramway n°16 longe le Corso Magenta, tandis que les tramways nos 2, 3 et 14 descendent la Via Torino et peuvent se révéler pratiques pour rejoindre la Basilica di Sant'Ambrogio.

Plan de Corso Magenta et Sant'Ambrogio p. 102

Chiesa di San Maurizio (p. 103) YURI TURKOV/SHUTTERSTOCK ©

Les incontournables

La Cène

Œuvre la plus célèbre de Milan, La Cène *(*Il Cenacolo*) de Léonard de Vinci se cache dans un réfectoire attenant à la Basilica di Santa Maria delle Grazie (photo ci-dessus). Figurant le moment où le Christ annonce à ses apôtres que l'un d'eux va le trahir, cette scène, qui compte parmi les plus connues du monde, compose une étude psychologique magistrale.*

PLAN P. 102, C2

www.cenacolovinciano.net

Piazza Santa Maria delle Grazie 2

Tarif plein/réduit 15/2 €, + 2 € de frais de réservation

8h15-19h mar-sam, 14h-19h dim

M Cadorna

Un chef-d'œuvre universel

Les historiens de l'art considèrent *La Cène* comme une œuvre majeure, la première de la haute Renaissance, et elle surpasse incontestablement les efforts des plus grands maîtres qui l'ont précédée. Outre la prouesse technique, cette peinture murale de 42 m^2 possède encore aujourd'hui des tons subtils, des traits gracieux et un rare pouvoir évocateur.

La stabilisation de cette image fragile a requis 22 années de restaurations délicates. De Vinci lui-même est en partie fautif : il appliqua son mélange d'huile et de tempera entre 1495 et 1498 au lieu de le faire sur une semaine, comme le veut la technique de la fresque. Les dominicains n'arrangèrent rien lorsqu'ils élevèrent en 1652 le sol du réfectoire, tranchant au passage les pieds de Jésus. Cependant, les pires dégradations ont été commises par les restaurateurs du XIXe siècle, qui retirèrent une couche entière de la fresque en utilisant de l'alcool et de la ouate.

"L'autre" fresque

À l'autre bout du réfectoire, la fresque de la *Crucifixion* de Giovanni Donato da Montorfano fut peinte en 1495, alors que Leonardo travaillait à son chef-d'œuvre. Ces deux créations sont même liées par une relation iconographique : la paume gauche du Christ, tournée vers le haut, est orientée vers le "bon larron" de Montorfano, tandis que l'autre paume est tournée vers le bas, en direction du voleur non repenti. Pourtant, on a du mal à croire que les deux œuvres soient contemporaines. À l'inverse de la scène naturelle à l'horizontalité fluide de De Vinci, l'image de Montorfano est rigide et structurée : une dense horde de soldats sans expression et de saints s'amasse sous la Croix, devant une représentation guindée de Jérusalem, alors que le Christ se dresse au-dessus de la mêlée, les bras levés dans une position peu naturelle.

★ À savoir

- Pour *La Cène*, vous devez réserver votre billet plusieurs semaines à l'avance.
- Si vous tardez à réserver, les circuits organisés dans la ville pour 75 € par **Autostradale Viaggi** (☎ 02 3008 9900 ; www.autostradaleviaggi.it ; Passaggio Duomo 2 ; circuits à partir de 44 € ; ⌚ 9h-18h lun-ven, 9h-14h sam-dim ; 👪 ; M Duomo) vous garantissent de voir la fresque.
- À la réservation, on vous attribuera un créneau de 15 minutes de visite entre 8h15 et 18h45. Arrivez tôt pour récupérer billets et audioguides.
- Visites guidées multilingues (8 €) à réserver aussi.

✕ Une petite pause ?

Mêlez-vous aux Milanais pour un café ou une bière à De Santis (p. 105).

Après avoir admiré *La Cène*, enchaînez avec un repas tout aussi divin dans la cour arborée de La Brisa (p. 106).

Les incontournables

Museo Nazionale Scienza e Tecnologia

Les aspirants inventeurs s'émerveilleront devant le Museo Nazionale Scienza e Tecnologia Leonardo da Vinci, plus grand musée scientifique d'Italie. Il constitue un parfait hommage au polymathe, qui a réalisé une grande partie de son œuvre à Milan. Le monastère du XVIe siècle qui accueille le musée héberge une collection de plus de 10 000 pièces, dont des trains à vapeur, des avions et des galions grandeur nature dans des hangars extérieurs.

PLAN P. 102, C3

www.museoscienza.org

Via San Vittore 21

Adulte/enfant 10/7,50 €, visite sous-marine 10 €

9h30-17h mar-ven, 9h30-18h30 sam-dim

M Sant'Ambrogio

La galerie Léonard de Vinci

En 1481, De Vinci postulait auprès de Ludovico Sforza pour un poste à la cour. On l'avait recommandé en tant que musicien, mais il se présenta comme ingénieur, promettant au duc qu'il lui construirait toutes sortes de machines de guerre, consoliderait les fortifications du château et optimiserait le réseau des canaux. De plus, s'il n'y avait rien d'autre à faire, il pourrait toujours peindre. Il remplit des dizaines de carnets de croquis aujourd'hui concrétisés au sein de la plus grande collection au monde de maquettes de De Vinci, visant à mieux comprendre ses idées révolutionnaires.

Les pavillons du transport

Les énormes pavillons du transport, remplis de trains à vapeur, de navires et d'avions suspendus aux poutres sont parmi les plus grands succès du musée. Des maquettes réalisées avec délicatesse au XVIIIe et au XIXe siècle (dont l'hélicoptère expérimental construit par Enrico Forlanini en 1877) accompagnent les versions grandeur nature. Citons le brick-goélette *Ebe*, l'avion de chasse Macchi MC205 *Veltro* et le sous-marin *Enrico Toti*, pour lesquels vous devrez réserver une visite guidée.

L'exposition spatiale

Basée dans une nouvelle galerie gérée par le président de l'Italian Space Society, cette exposition renferme de vrais trésors, à commencer par les incroyables globes terrestres et célestes de Coronelli et Moroncelli, datant du XVIIe siècle ; le télescope Merz-Repsold de Giovanni Schiaparelli, qui donna naissance au mythe des Martiens ; et un fragment de roche lunaire rapporté par Apollo 17.

★ À savoir

- Comptez au moins une demi-journée pour parcourir ce musée de 50 000 m².
- Le musée propose un vaste programme de laboratoires interactifs pour les enfants, en anglais et en italien.
- Pour pénétrer dans le sous-marin *Enrico Toti*, vous devrez d'abord réserver à la billetterie (10 €).
- La boutique **MUST Shop** (☎ 02 4855 5340 ; www.mustshop.it ; Via Olona 6 ; ⏲ 10h-18h mar-ven, 10h-19h sam-dim ; wifi, enfants ; Ⓜ Sant'Ambrogio) vend livres, objets design, gadgets et jeux scientifiques en tous genres.

✖ Une petite pause ?

Rendez-vous à l'Osteria la Carbonaia (p. 105) pour un copieux bifteck grillé.

A
B
C
D
E
F
1
2
3
4
Nos adresses
Les incontournables p. 98
Voir p. 103
Se restaurer p. 105
Prendre un verre p. 106
Shopping p. 107
La Cène
Basilica di Santa Maria delle Grazie
Museo Nazionale Scienza e Tecnologia Leonardo da Vinci
La Vigna di Leonardo
Civico Museo Archeologico
Chiesa di San Maurizio
Basilica di Sant'Ambrogio
Profumeria Vecchia Milano
Cavoli a Merenda
Piazza Nicolò Tommaseo
Piazza Castello
Piazza degli Affari
Piazza Sant' Ambrogio
Stazione Nord (Stazione Cadorna)
Università Cattolica
Scienza e della Tecnica
Parco Don Giussani
Pagano
Conciliazione
Cadorna
Cairoli
Sant'Ambrogio
Sant' Agostino
Viale Emilio Alemagna Foro Buonaparte
Piazza Castello
Via Dante
Via Meravigli
Via Santa Maria alla Porta
Via Ansperto
Via Brisa
Via Borromei
Via Sant'Orsola
Via Cappuccio
Via Circo
Via S Agnese
Via Santa Valeria
Via Necchi
Via San Pio V
Via Lanzone
Via del Torchio
Via C. Correnti
Via Edmondo de Amicis
Via Ausonio
Via Ariberto
Via Olona
Via Vico
Viale Papiniano
Via degli Olivetani
Via San Vittore
Via Matteo Bandello
Via de Togni
Via Giosué Carducci
Via Terraggio
Via Caradosso
Corso Magenta
Corso Vercelli
Viale di Porta Vercellina
Via Giovanni Boccaccio
Via Giacomo Leopardi
Via Vicenzo Monti
Via Mascheroni
Via Lodovico Ariosto
Via Rasori
Via Mario Pagano
Via Angelo Mauri
Via Soresina
Via Paolo Giovio
Via Andrea Verga
0
500 m
N
1
2
3
4
5
6
7
8
9
10
11
12
13
14
15
16
17
18
19
20
21
22

Voir

Basilica di Sant'Ambrogio ÉGLISE

1 PLAN P. 102, D3

Évêque vedette et saint patron de Milan, saint Ambroise repose dans la crypte de cette basilique de brique rouge qu'il fonda en 379. Reconstruit à plusieurs reprises, l'édifice conserve une simplicité délibérée qui se révèle apaisante, et symbolise ainsi la basilique romane lombarde par excellence. Les mosaïques éclatantes de l'autel et un retable doré de 835, qui renfermait autrefois les reliques du saint, éclairent le sombre intérieur voûté. (www.basilicasantambrogio.it ; Piazza Sant'Ambrogio 15 ; gratuit ; 10h-midi et 14h30-18h lun-sam, 15h-17h dim ; M Sant'Ambrogio)

Chiesa di San Maurizio ÉGLISE

2 PLAN P. 102, E2

Ce couvent bénédictin et chapelle royale du XVIe siècle est un joyau méconnu, couvert de fresques exceptionnelles, dont la plupart sont l'œuvre du peintre lombard Bernardino Luini, élève de Léonard de Vinci. Nombre d'entre elles immortalisent Ippolita Sforza, femme de lettres milanaise, et d'autres membres des puissants clans Sforza et Bentivoglio, qui financèrent la décoration de la chapelle. (02 8844 5208 ; Corso Magenta 15 ; gratuit ; 10h-17h30 jeu-dim ; M Cadorna)

Basilica di Santa Maria delle Grazie ÉGLISE

3 PLAN P. 102, C2

Commencée par Guiniforte Solari en 1463, puis enrichie par Bramante, cette église lombarde incarne la majesté de la cour milanaise sous Ludovico Sforza et Béatrice d'Este. En brique et en terre cuite raffinées, c'est un ouvrage robuste, mais fantaisiste, à l'abside couronnée d'un dôme en forme de tambour, et à l'intérieur jalonné de chapelles aux fresques peintes par des artistes comme Bernardo Zenale, Antonello da Messina et Bramantino. (legraziemilano.

Piazza degli Affari

Abritant la place boursière d'Italie, cette **piazza** (plan p. 102 ; M Cordusio) accueille en son centre la sculpture publique la plus controversée de Milan, œuvre de Maurizio Cattelan intitulée L.O.V.E. (sigle signifiant en italien "liberté, haine, vengeance et éternité"). Il s'agit d'un poing de 4 m de haut ayant le majeur dressé. Érigée juste après le krach financier, elle est souvent interprétée comme un message sur la crise économique, bien que l'artiste se soit abstenu de tout commentaire.

it ; Piazza Santa Maria delle Grazie ; gratuit ; 7h-13h et 15h30-19h30 lun-sam, 7h30-12h30 et 16h-21h dim ; M Cadorna, 16)

Civico Museo Archeologico MUSÉE ARCHÉOLOGIQUE

4 PLAN P. 102, E2

Le Monastero Maggiore du IXe siècle, jadis le plus important couvent bénédictin de la ville, abrite aujourd'hui le Musée archéologique. On y accède par un cloître renfermant des fragments des murailles romaines de la ville. Au rez-de-chaussée, de nombreux objets donnent un aperçu de la Milan antique (Mediolanum), et dans les salles des niveaux supérieurs les collections étrusques, grecques, gothiques et lombardes retracent l'histoire de la ville. Dans le jardin, la **tour Ansperto** du IIIe siècle, recouverte de fresques, marque la limite de la ville antique. (www.museoarcheologicomilano.it ; Corso Magenta 15 ; adulte/enfant 5/3 €, gratuit 1er et 3e mar du mois à partir de 14h ; 10h-17h30 mar-dim ; M Cadorna)

La Vigna di Leonardo SITE HISTORIQUE

5 PLAN P. 102, C2

Derrière la Casa degli Atellani du XVe siècle s'étendent des jardins singuliers, où grimpent des vignes ayant appartenu à Léonard de Vinci, à qui Ludovic Sforza avait offert ce domaine en récompense de son travail sur *La Cène*. Leonardo choyait ce vignoble, et la visite du jardin et du *palazzo* offre un

Basilica di Sant'Ambrogio (p. 103)

CLAUDIO DIVIZIA/SHUTTERSTOCK ©

extraordinaire aperçu de l'histoire particulièrement complexe de la ville. (www.vignadileonardo.com ; Corso Magenta 65 ; tarif plein/réduit 10/8 € ; 9h-18h mar-dim ; 16, 19)

Se restaurer

Pasticceria Marchesi

PASTICCERIA €

6 PLAN P. 102, E2

Ouverte depuis 1824, cette *pasticceria* (pâtisserie) recouverte de panneaux de bois propose, entre autres, des *bignè* (choux à la crème), des mille-feuilles, des pralines et dix types de brioches. Si ses vitrines rappellent une séquence rêvée dans un film de Hitchcock, rassurez-vous : ici, pas de fin désastreuse, mais un café excellent. (02 86 27 70 ; www.pasticceriamarchesi.it ; Via Santa Maria alla Porta 11/a ; 7h30-20h mar-sam, 8h30-13h dim ; M Cairoli, Cordusio)

De Santis

FAST-FOOD €

7 PLAN P. 102, E2

Les sandwichs de ce minuscule établissement sont si réussis qu'on les préférerait presque à un repas au restaurant. Goûtez notamment le panini *prosciutto*, fromage de chèvre épicé, poivrons, aubergines et artichauts. Bière servie à la pression pour peu que vous parveniez à dénicher une table après une assez longue attente. (02 7209 5124 ; www.paninidesantis.it ; Corso Magenta 9 ; sandwichs 8-15 € ; midi-minuit ; ; M Cadorna)

Cavoli a Merenda

Rejoignez Vanessa et Carlo dans leur **palazzo** (plan p. 102, D2 ; 338 4679513 ; www.cavoliamerenda.eu ; Corso Magenta 66 ; leçons 65-80 € ; 12h30-14h30 et 20h-22h30 mar-ven ; 16, 19), où ils vous enseigneront les secrets de la cuisine italienne. Vanessa possède une formation de nutritionniste, et Carlo est un hôte affable aux mille anecdotes de voyage fascinantes. Installez-vous ensuite sur la jolie terrasse fleurie pour déguster le repas que vous avez préparé.

Da Rita e Antonio

PIZZERIA €

8 PLAN P. 102, F1

Ce restaurant prépare depuis 1972 des pizzas à la pâte moelleuse et bien croustillante sur les bords, garnie de tranches fondantes de mozzarella Prati del Volturno, de saucisson pimenté, d'anchois et de câpres de Sicile. Outre cette valeur sûre, la carte comprend notamment des gnocchis maison. (02 87 55 79 ; www.daritaeantonio.it ; Via Giacomo Puccini 2 ; pizza 6,50-9 € ; midi-14h30 et 19h-23h30 mar-ven et dim, 19h-23h30 sam ; M Cairoli)

Osteria la Carbonaia

GRILL €€

9 PLAN P. 102, D3

Cette simple trattoria est réputée pour ses plats à base de viande, et notamment ses tendres *tagliate* (bœuf en tranches), servie avec légumes grillés et pommes de terre rôties. On cuit sous le gril en brique qui trône dans la salle côtes, saucisses et succulents biftecks à la florentine, tandis que les poutres apparentes et les murs décorés de tableaux créent une ambiance confortable et chaleureuse. (☎02 4800 0088 ; www.osterialacarbonaia.it ; Via Carducci 38 ; repas 40-45 € ; ⏲12h30-14h30 lun-ven, 19h30-22h30 lun-mer, 19h30-23h jeu-sam ; M Sant'Ambrogio)

La Brisa

ITALIEN MODERNE €€€

10 PLAN P. 102, E2

Discret, élégant et délicieusement romantique. Un maître d'hôtel vous précédera jusqu'à votre table, dressée sous les tilleuls centenaires d'une cour tranquille aux murs couverts de lierre et égayée par des hortensias roses. Le chef Antonio Facciolo compose une carte de saison tout aussi raffinée, avec notamment un rôti de porc fondant à la myrte, son plat emblématique. (☎02 8645 0521 ; www.ristorantelabrisa.it ; Via Brisa 15 ; menu déj/dîner 36/68 €, repas 50-70 € ; ⏲12h30-15h30 et 19h30-minuit lun-ven, 19h30-minuit dim ; ❄ ; M Cairoli, Cordusio)

Prendre un verre

Ricerca Vini

BAR À VINS

11 PLAN P. 102, C1

Certes, il s'agit d'un détaillant en vin, mais également d'un bar et d'un assez bon restaurant. On ne rêve pas meilleur endroit pour goûter la bouteille que l'on projette de rapporter chez soi. Avec 2 500 étiquettes, c'est l'un des plus larges choix de la ville, et les plateaux *aperitivi* de *prosciutto* et de fromage sont excellents. Dégustations organisées certains soirs. (www.ricercavini.it ; Via Vicenzo Monti 33 ; ⏲16h-22h lun, 10h-22h mar-sam ; M Cadorna)

Bottiglieria Bulloni

BAR À VINS

12 PLAN P. 102, B3

Active depuis 1933, cette *bottiglieria* (magasin de vins et spiritueux) est incontournable à l'heure de l'*aperitivo*. La formule est simple : *crostini*, olives, cornichons et un Spritz à 6 €, très réussi. Une petite dizaine de tables trônent entre des murs chargés de bouteilles (entre 4 et 8 € le verre), et on peut admirer une œuvre futuriste d'Enrico Prampolini derrière le bar. (www.bottiglieriabulloni.it ; Via Lipari 2 ; ⏲7h-22h lun-sam ; M Sant'Agostino)

Rufus Cocktail Bar

BAR À COCKTAILS

13 PLAN P. 102, B1

Bien que ce bar de quartier serve aussi le petit-déjeuner, son intérieur charmant, recouvert de brique et truffé de chandeliers, se distingue surtout à l'*aperitivo*. Les boissons vont du traditionnel Campari au cocktail contemporain Cup of Life (citron vert, amer, gin et soda). (www.rufuscocktailbar.com ;

Via Alberto da Giussano 2 ; 7h30-0h30 lun-mar, 7h30-1h mer-jeu, 7h30-2h ven, 8h-2h sam ; ; M Conciliazione)

Biffi Pasticceria PASTICCERIA

14 PLAN P. 102, B2

Fier détenteur d'une recette traditionnelle de *panetùn* (panettone) jadis prisée par le pape Pie X, Biffi n'a guère changé depuis son ouverture en 1847. Son bar en noyer, ses lustres en verre de Murano et son élégance surannée continuent d'attirer le bon peuple milanais, venu déguster gâteaux à la crème, café et cocktail. (02 4800 6702 ; www.biffipasticceria.it ; Corso Magenta 87 ; 6h30-20h30 ; ; M Conciliazione)

Shopping

Spazio Rossana Orlandi DESIGN

15 PLAN P. 102, C3

Trouver cette emblématique boutique de décoration, installée dans une ancienne fabrique de cravates du quartier Magenta, relève du défi. Cependant, une fois entré, il est difficile de quitter cette caverne aux merveilles, remplie de mobilier vintage et contemporain à édition limitée, de luminaires, de tapis et d'accessoires ménagers séduisants, conçus par de jeunes artistes montants. (www.rossanaorlandi.com ; Via Bandello 14 ; uniquement sur rdv, 10h-19h mar-sam ; M Sant'Ambrogio)

De Santis (p. 105)

Taschen

LIBRAIRIE

16 PLAN P. 102, F2

Malgré sa belle collection de livres, la véritable vedette du Taschen est ce salon d'exposition de la Via Meravigli. Les livres d'art trônent avec splendeur dans des vitrines en acier et sur un îlot jaune canari, couronné de Corian, tandis que sous vos pieds, un sol en béton coloré réalisé par Jonas Wood décrit d'immenses motifs floraux. Montez les escaliers multicolores de Salvatore Licitra pour découvrir à l'étage tirages d'art et dernières parutions à collectionner. (www.taschen.com ; Via Meravigli 17 ; 10h30-19h30 ; M Cairoli)

Pellini

BIJOUTERIE

17 PLAN P. 102, E3

L'atelier et entrepôt original de Pellini de 1947 forme un bel ensemble de galeries avec parquets, piliers de granit et vitrines en bois vintage. Les bracelets et pendentifs en résine aux reflets irisés de Donatella garnissent les tables, mannequins et présentoirs, aux côtés de pendants d'oreilles et de longs colliers de pierres semi-précieuses, de verre, de cristal et d'acier multicolores. Tout est fait main. (www.pellini.it ; Via Morigi 9 ; 10-19h lun-ven ; 16, 19)

Al Bazar

MODE, ACCESSOIRES

18 PLAN P. 102, B1

Boutique incontournable pour les amateurs d'élégants vêtements masculins, ouverte par l'icône de la mode milanaise Lino Ieluzzi. Costumes à double boutonnière, cols larges et couleurs audacieuses : les articles, de qualité supérieure, ont impliqué de près ou de loin

La Vigna di Leonardo (p. 104)

RADOMIR REZNY /SHUTTERSTOCK ©

la participation du maître. (www.albazarmilano.it ; Via Scarpa 9 ; 10h-19h lun-sam ; M Pagano)

Pupi Solari VÊTEMENTS POUR ENFANTS

19 PLAN P. 102, B1

De nombreux Milanais des milieux aisés se souviennent de visites régulières à Pupi Solari pour essayer des chaussures et choisir des robes de soirée ou des vestes en tweed. Ouvert en 1978 et toujours piloté par Pupi, doyenne de la mode âgée de 95 ans, ce magasin phare continue de donner le ton à une classe moyenne milanaise en quête d'ascension. (pupisolari.com ; Piazza Tommaseo 2 ; 15h-19h lun, 10h-19h mar-sam ; ; M Conciliazione, 10, 19)

Galleria L'Affiche ART

20 PLAN P. 102, E2

Foisonnant de posters anciens, de reproductions d'art, d'affiches de spectacle et de photos, la Galleria L'Affiche entretient un réseau d'artistes fidèles, qui lui confient leurs œuvres. Que vous dépensiez quelques euros dans des cartes postales kitsch ou bien plus dans une pièce de collection, vous prendrez plaisir à fouiner parmi tous les articles en stock. (www.affiche.it ; Via Nirone 11 ; 14h30-20h lun, 10h-20h mar-sam ; 16, 19)

Risi MODE, ACCESSOIRES

21 PLAN P. 102, F2

Risi vend des vêtements d'une élégante simplicité : chemises et pantalons en lin dans des tons naturels, polos en coton nid-d'abeilles dans des coloris sobres, maillots de bain classiques et confortables. De quoi vous transformer en parfait Milanais. (www.risimilano.com ; Via San Giovanni sul Muro 21 ; 15h-19h30 lun, 10h-14h30 et 15h-19h30 mar-sam ; M Cairoli)

Tranche d'histoire

Découvrez la **Profumeria Vecchia Milano** (plan p. 102, E2 ; Via San Giovanni sul Muro 8 ; 9h-19h lun-sam ; M Cairoli), un témoignage architectural de la vie à Milan au XIXe siècle. Parfums et crèmes exclusifs sont stockés dans des armoires d'acajou vitrées aux détails dorés, qui s'élèvent des dalles florales jusqu'aux plafonds en stuc. Bon à savoir : des massages sont proposés dans les salles de soin à l'arrière.

Atelier VM BIJOUTERIE

22 PLAN P. 102, E4

Malgré son enseigne lumineuse, il est facile de passer à côté de ce petit joyau sis au bout de la Via Correnti. Fondée par les designers locaux Marta Caffarelli et Viola Naj Oleari, cette boutique discrète, sympathique et élégante offre un cadre parfait pour ses bijoux délicats et romantiques. (www.ateliervm.com ; Via Correnti 26 ; 15h-19h lun, 10h-14h et 15h-19h mar-sam ; 2, 14)

Explorer

Navigli

Tenant leur nom des canaux qui alimentaient jadis les fortunes milanaises, les Navigli sont désormais plus connus pour leurs boutiques, leurs bars et leur vie nocturne. Des vestiges comme la basilique romane de San Lorenzo Maggiore, l'église paléochrétienne de Sant'Eustorgio et l'arc de triomphe du XIXe siècle qui s'élève sur la Piazza XXIV Maggio y composent un décor pittoresque.

Commencez la journée parmi les reliques romaines de Milan sur le Corso di Porta Ticinese, où vous pourrez vous promener près des basiliques San Lorenzo Maggiore et Sant'Eustorgio (p. 115). Rejoignez ensuite le vieux port au sud. L'été, vous pouvez embarquer sur une croisière qui quitte Milan, mais aussi profiter des berges des canaux pour faire du lèche-vitrines. Traversez alors la voie ferrée à Porta Genova pour atteindre la Zona Tortona. Ancien quartier populaire, la Tortona regorge maintenant de bastions du design et de musées contemporains qui proposent d'intéressantes expositions internationales. Retrouvez enfin les canaux en début de soirée pour l'aperitivo. Les bars du quartier sont parmi les meilleurs de la ville.

Comment y aller et circuler

M Porta Genova sur la ligne de métro M2 (verte) est la station la plus proche des canaux. Toujours sur la M2, l'arrêt Sant'Agostino permet de se rendre facilement au Parco Solari et à la Viale Papiniano.

Pour le Corso di Porta Ticinese, la Piazza XXIV Maggio et le canal Alzaia Naviglio Pavese, prenez le tram n°3. Le tramway n°9 parcourt la Viale Col di Lana et la Via Vigevano d'est en ouest.

Plan de Navigli p. 114

Basilica di San Lorenzo Maggiore (p. 115) GEORGIOS TSICHLIS/SHUTTERSTOCK ©

Promenade à pied

Vie sur les canaux

Depuis la Renaissance, les entrepôts et les usines qui jalonnent les canaux de Milan bourdonnent d'activités créatives et commerciales. Les Milanais adorent se balader ici pour faire du shopping le week-end, prendre un verre ou dîner au bord des canaux. Le quartier s'est offert un coup de jeune pour l'Exposition universelle : réaménagement des allées piétonnes, nouvelles pistes cyclables et restauration des docks.

La promenade

Départ Piazzale di Porta Lodovico 2 ; 🚋 3, 9

Arrivée Via Giosuè Borsi 9 ; 🚋 3

Distance 4 km

Durée 6 heures

❶ Petit-déjeuner chez Gattullo

Démarrez de bonne heure pour arriver chez **Gattullo** (☎02 5831 0497 ; www.gattullo.it ; Piazzale di Porta Lodovico 2 ; pâtisseries à partir de 1,50 € ; 🕒7h-21h mar-dim ; ❄ ; 🚊3, 9) avant qu'il ne reste rien de ses délicieux croissants aux myrtilles ou de ses fines *sfogliatelle* (pâtisseries à la ricotta sucrée) à la crème Chantilly.

❷ Promenade sur la Darsena

La *darsena* (darse) de Milan était autrefois le principal port de la ville. C'est aujourd'hui une piazza piétonne, dotée d'un **marché alimentaire** (Piazza XXIV Maggio ; 🕒8h30-13h lun, 8h30-13h et 16h-20h mar-sam ; 🚊3, 9) sur les quais et d'un parc avec pelouse. Guettez les stands de pain artisanal, viandes et fromages de Giuseppe Zen pour un savoureux casse-croûte de milieu de matinée.

❸ Excursions en bateau

Les canaux étaient les *autostrade* (autoroutes) de Milan à l'époque médiévale. Le plus grand, le Naviglio Grande, était l'une des voies les plus fréquentées de la ville dès la fin du XIIIe siècle. D'avril à septembre, **Navigli Lombardi** (☎02 667 91 31 ; Alzaia Naviglio Grande 4 ; tarif plein/réduit 14/10 € ; 🕒avr-sept ; Ⓜ Porta Genova, 🚊3) propose des excursions en bateau.

❹ Marchés de quartier

Le dernier dimanche du mois, le **Mercatore Antiquario di Navigli** (www.navigliogrande.mi.it ; Ⓜ Porta Genova, 🚊9) réunit plus de 400 antiquaires le long du Naviglio Grande.

❺ Belles vitrines

Les Navigli séduisent un nombre croissant d'artistes et de musiciens dont les ateliers jalonnent les canaux. Joignez-vous aux gens du cru qui fourgonnent le long du Naviglio Grande en quête de vinyles de collection, de bandes dessinées brillantes et de radios anciennes.

❻ Aperitivo

Presque tous les bars installés le long du Naviglio Grande proposent un buffet, mais les habitants ne jurent que par les fines fleurs de la **Fonderie Milanesi** (☎02 3652 7913 ; www.fonderiemilanesi.it ; Via Giovenale 7 ; aperitivo 8 € ; 🕒19h-2h mar-sam, 12h30-15h30 et 19h-1h dim ; 🚊9, 15).

❼ Un quartier qui bouge

Navigli est l'épicentre de la vie nocturne milanaise. Aucun lieu n'est plus tendance que l'**Apollo Club** (☎02 3826 0176 ; www.apollomilano.com ; Via Giosuè Borsi 9 ; cocktails 8-13 €, plats restaurant/bistrot 20-22/10-15 € ; 🕒19h-3h mer-jeu, 19h-4h ven-sam, midi-1h dim ; 🚊3), avec son bar vintage et ses soirées dansantes Rollover le vendredi. Événements du moment consultables sur leur page Facebook.

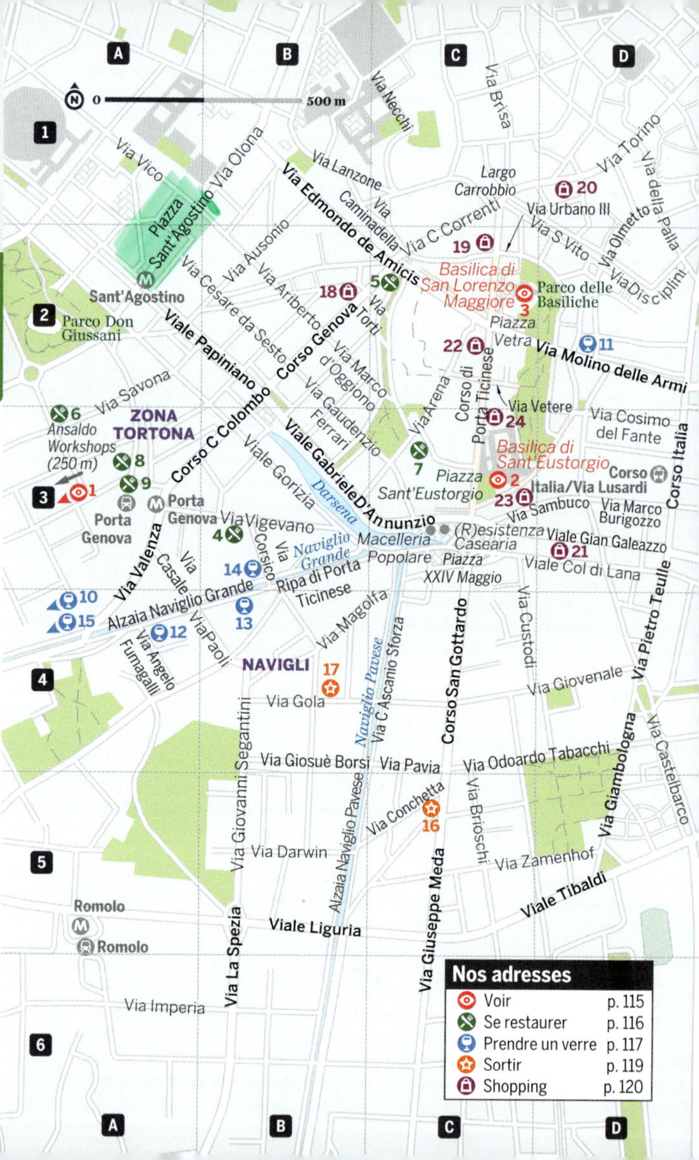

A
B
C
D
1
2
3
4
5
6
0
500 m
Via Vico
Piazza Sant'Agostino
Via Olona
Via Necchi
Via Brisa
Via Lanzone
Via Caminadella
Via Edmondo de Amicis
Largo Carrobbio
Via C Correnti
Via Urbano III
Via S Vito
Via Torino
Via Olmetto
Via della Palla
Via Disciplini
Via Ausonio
Via Aribert
Via Cesare da Sesto
Sant'Agostino
Parco Don Giussani
Viale Papiniano
Corso Genova
Via Torti
Basilica di San Lorenzo Maggiore
Parco delle Basiliche
Piazza Vetra
Via Molino delle Armi
Via Marco d'Oggiono
Via Gaudenzio Ferrari
Via Arena
Corso di Porta Ticinese
Via Vetere
Via Cosimo del Fante
Corso Italia
Via Savona
ZONA TORTONA
Ansaldo Workshops (250 m)
Corso C Colombo
Viale Gorizia
Darsena
Viale Gabriele D'Annunzio
Basilica di Sant'Eustorgio
Piazza Sant'Eustorgio
Corso Italia/Via Lusardi
Via Sambuco
Via Marco Burigozzo
Porta Genova
Via Vigevano
Via Corsico
Via Valenza
Via Casale
Naviglio Grande
Macelleria
(R)esistenza Casearia
Popolare
Piazza XXIV Maggio
Viale Gian Galeazzo
Viale Col di Lana
Ripa di Porta Ticinese
Alzaia Naviglio Grande
Via Paoli
Via Angelo Fumagalli
Via Magolfa
Via C Ascanio Sforza
Naviglio Pavese
Corso San Gottardo
Via Custodi
Via Giovenale
Via Pietro Teulle
NAVIGLI
Via Gola
Via Giovanni Segantini
Via Giosuè Borsi
Via Pavia
Via Odoardo Tabacchi
Via Giambologna
Via Castelbarco
Alzaia Naviglio Pavese
Via Conchetta
Via Brioschi
Via Darwin
Via Zamenhof
Viale Tibaldi
Romolo
Viale Liguria
Via La Spezia
Via Giuseppe Meda
Via Imperia
Nos adresses
Voir p. 115
Se restaurer p. 116
Prendre un verre p. 117
Sortir p. 119
Shopping p. 120

Voir

Museo delle Culture MUSÉE

1 PLAN P. 114, A3

Basé dans l'ancienne usine d'Ansaldo, le musée des Cultures de Milan se veut un espace de dialogue entre les peuples. Cet immense complexe industriel a été restructuré par l'architecte britannique David Chipperfield en une série d'espaces austères de verre et de béton. Le musée a récemment exposé une sélection d'œuvres de Jean-Michel Basquiat sur les politiques identitaires et raciales, et Frida Kahlo apparaît dans une remise en contexte sur les artefacts méso-américains du musée qui ont façonné son esthétique visuelle. (MUDEC ; 02 54 917 ; www.mudec.it ; Via Tortona 56 ; expositions tarif plein/réduit 14/12 € ; 14h30-19h30 lun, 9h30-19h30 mar-mer, ven et dim, 9h30-22h30 jeu et sam ; P ; M Porta Genova)

Basilica di Sant'Eustorgio BASILIQUE

2 PLAN P. 114, C3

Édifiée au IVe siècle pour abriter les reliques supposées des Rois mages, elle est l'une des plus vieilles églises de la ville. Son architecture harmonieuse ne laisse rien supposer du lourd passé lié à l'Inquisition milanaise. La basilique mérite le détour pour la chapelle de Pigello Portinari. Représentant de la banque des Médicis à Milan, il se fit construire la plus belle chapelle Renaissance de la ville, ornée de fresques de Vincenzo Foppa. (02 8940 2671 ; chiostrisanteustorgio.it ; Piazza Sant'Eustorgio 3 ; chapelle tarif plein/réduit 6/4 € ; 10h-18h ; 3, 9)

Basilica di San Lorenzo Maggiore BASILIQUE

3 PLAN P. 114, C2

Souvent ignoré des visiteurs, cet enchevêtrement de tours, chapelles, absides et dômes formant une seule basilique ne laisse pourtant guère indifférent. La coupole centrale, datant des débuts de l'ère chrétienne, est entourée de trois chapelles octogonales du IVe siècle. Les vestiges de l'atrium, ceint de 16 colonnes romanes, conduisent à l'église. (02 8940 4129 ; www.sanlorenzomaggiore.com ; Corso di

Dans les coulisses de la Scala

Pour entrevoir les rouages de la Scala, visitez les **ateliers Ansaldo** (02 4335 3521 ; museoscala.org/fr/visite/visites-guidees/visites-guidees-aux-laboratoires-scala-ansaldo ; Via Bergognone 34 ; tarif plein/réduit 25/15 € ; 9h-midi et 14h-16h mar et jeu ; M Porta Genova), ateliers où les décors sont fabriqués, puis peints, et où, chaque saison, quelque 800 à 1000 costumes sont confectionnés à la main. Il faut réserver pour les visites (les mardis et jeudis), guidées par le chef de chaque équipe.

Porta Ticinese 35 ; gratuit ; 8h-12h30 et 15h-18h30 lun-sam, 9h-13h et 15h-19h dim ; 3, 14)

Se restaurer

LatteNeve

GELATERIA €

4 PLAN P. 114, B3

Cette *gelateria* primée met l'accent sur des ingrédients bio tels que yaourt de la région alpine de Valteline, pistaches siciliennes de Bronte et noisettes IGP du Piémont. Pour les vegan, le LatteNeve propose un chocolat noir sans produits laitiers et des cônes sans gluten. (Via Vigevano 27 ; cônes et pots 2,50-4,50 € ; 13h-22h30 mar-dim ; M Porta Genova)

Pasticceria Cucchi

PASTICCERIA €

5 PLAN P. 114, C2

Cette *pasticceria* (pâtisserie) milanaise historique n'a guère changé depuis sa fondation en 1936. Son intérieur distille un charme à l'ancienne, le personnel de service est en tenue soignée et le Signor Cucchi tient toujours la caisse. Attirant une clientèle variée de *sciure* (femmes de la haute société milanaise), d'individus à la page et de touristes, c'est un bon endroit pour regarder passer le monde en s'autorisant quelques plaisirs sucrés. (www.pasticceriacucchi.it ; Corso Genova 1 ; pâtisseries 1,50-3,50 € ; 7h30-21h30 mar-dim ; M Sant'Ambrogio)

Gino Sorbillo

PIZZERIA €

6 PLAN P. 114, A3

Le roi de la pizza napolitaine a pris Milan d'assaut avec une pâte bio à pousse lente et des garnitures simples : tomates, mozzarella, basilic, brocolis, poivrons doux, *'nduja* (salami) épicé et jambon de Norcia. Pour un résultat parfait, on fait reposer la pâte pétrie à la main dans des caissons en bois avant de la faire tournoyer et de l'enfourner. (02 5810 4789 ; Via Montevideo 4 ; pizza 8-12 € ; midi-15h30 et 19h-22h30 ; M Porta Genova)

Sixième Bistrò

BISTROT €€

7 PLAN P. 114, C3

Si vous êtes friand d'*antipasti* comme de design, vous raffolerez de ce bistrot rattaché à l'ensemble Six Gallery, qui comporte une collection de meubles vintage, ainsi qu'un fleuriste dans la cour. Laissez-vous choir sur des coussins de velours pour siroter des cocktails subtils et déguster de l'onglet assorti de pâtes maison à la lumière de lampes Noguchi. (02 3651 9910 ; www.facebook.com/SixiemeBistro ; Via Scaldasole 7 ; repas 30-60 € ; 18h30-1h mar-ven, 12h30-1h sam, 12h30-17h30 dim ; 3)

Basara

SUSHI €€€

8 PLAN P. 114, A3

À Milan, se faire un nom dans le monde raffiné du sushi n'a rien de facile. Cet établissement n'en est pas moins complet tous les soirs, pour le maki de homard du chef Hiro. Les plateaux de poisson cru sont mémorables, notamment le bloc de crevettes rouges de Sicile sur ardoise, saupoudré de sel de mer. L'*aperitivo* à 12 € vous permettra de goûter à la magie à peu de frais. (☎ 02 8324 1025 ; www.basaramilano.it ; Via Tortona 12 ; repas 50-70 € ; 18h-minuit lun-sam ; M Porta Genova).

Osteria del Binari

ITALIEN **€€**

9 PLAN P. 114, A3

À moins de vous inviter à un mariage italien, vous ne croiserez nulle part de si imposants plateaux de pâtes maison, de morceaux de viande choisis et de pâtisseries artisanales. En été, son jardin spacieux et ses verrières à l'arrière sont d'indéniables atouts. (☎ 02 8940 6753 ; www.osteriadelbinari.it ; Via Tortona 1 ; repas 35-45 € ; midi-14h30 et 19h30-23h ; M Porta Genova)

Prendre un verre

Vinoir

BAR À VINS

10 PLAN P. 114, A4

Ce petit bar dépouillé installé dans un coin assez tranquille du Naviglio Grande défend une inhabituelle sélection de vins naturels et biodynamiques. Le personnel est bien renseigné et se fera un plaisir de vous détailler leur origine et leur caractère tout en vous présentant de délicieux plats de *hosomaki* (rouleaux de sushis) au bœuf Fassone ou de poulpe aux pommes de terre fumées et au chou palmier. (☎ 02 3981 1202 ;

Museo delle culture (MUDEC ; p. 115)

Fleurons de la *street food*

En seigneur de la cuisine de rue, Giuseppe Zen éblouit Milan avec ses stands alimentaires locavores sur le Mercato Comunale. En plus de vendre pains, viandes et autres produits frais surfins, ceux-ci proposent des en-cas délectables, à apprécier sur place avec un vin local hors classe.

Macelleria Popolare (plan p. 114, C3 ; 02 3946 8368 ; www.mangiaridistrada.com ; Piazza XXIV Maggio ; paninis 5-8 €, en-cas 2,50-14 € ; 10h-21h30 mar-ven, 10h-22h sam, 12h-17h dim ; 3,9). Cette "boucherie populaire" privilégie des spécialités italiennes telles que le *lampredotto* (estomac de vache) et les *mondeghili* (boulettes de viande milanaises).

(R)esistenza Casearia (Mercato Comunale ; plan p. 114, C3 ; Piazza XXIV Maggio ; plateaux de fromages 10-25 € ; 10h-22h mar-sam, 12h-17h dim ; 9). Fromages au lait cru parmi les meilleurs de Lombardie, venus d'exploitations traditionnelles dont les bêtes paissent dans les alpages. Faites-en un repas avec le tiramisu de la maison, qui contient le mascarpone le plus crémeux imaginable.

vinoir.com ; Ripa di Porta Ticinese 93 ; 11h-15h et 17h-minuit lun-sam ; 2)

VOLT

DISCOTHÈQUE

11 PLAN P. 114, D2

Propriété du gourou de la mode Claudio Antonioli, cette discothèque est sans doute la plus belle de Milan. Les looks avant-gardistes que l'on y aperçoit font honneur au propriétaire et se découpent sur un fond minimaliste tout de noir, baigné de lumières teintées selon l'ambiance du jour. Le jeudi, la soirée Uptown amène hip-hop et R&B, tandis que les soirées Mondrian du vendredi attirent de célèbres DJ. Le samedi, le VOLT est bercé d'électro. (réservation d'entrées ou de tables 342 7976858 ; www.voltclub.it ; Via Molino delle Armi 16 ; 15-20 € ; 23h30-5h jeu-sam ; 3)

Bar Rita

BAR À COCKTAILS

12 PLAN P. 114, A4

Cet élégant bar à l'américaine propose des cocktails inventifs ou plus classiques avec une touche d'originalité. Goûtez sa spécialité, le Negroni à l'ancienne, à base de gin, Campari, Carpano et soda. Les boissons sont assorties de succulents hors-d'œuvre tels que poulpe grillé à l'aubergine, ou de burgers au bœuf haut de gamme de la boucherie fine Masseroni. (Via Fumagalli 1 ; cocktails 9-11 € ; 18h30-2h lun-sam ; M Porta Genova)

Mag Cafè

BAR, CAFÉ

13 PLAN P. 114, B4

Dans ce bar doté de bergères en confessionnal, avec tables en marbre, tapis persans, et immenses abat-jour évoquant des nids d'oiseaux, les cocktails sont aussi artistiquement travaillés que le cadre. Préparés à base de plantes et de sirops intéressants, ils sont servis dans de beaux verres anciens – optez pour le cocktail du mois, toujours une réussite. Brunch très prisé le week-end. (Ripa di Porta Ticinese 43 ; cocktails 7-9 €, brunch 10 € ; 7h30-2h ; 2, 9)

Ugo

BAR À COCKTAILS

14 PLAN P. 114, B3

L'atmosphère rétro d'Ugo séduit une clientèle de *hipsters* sirotant des cocktails à base de rhum ou bourbon, comme le Little Easy (whisky, Peychard, orange amère et absinthe). Possibilité de manger un hamburger américain traditionnel de qualité, préparé avec de la viande de bœuf Fassone (14 €). (02 3981 1557 ; www.ugobar.it ; Via Corsico 12 ; cocktails 10 € ; 18h-2h mar-dim ; M Porta Genova)

Rocket

DISCOTHÈQUE

15 PLAN P. 114, A4

Discothèque prisée des Milanais et courtisant une clientèle alternative et pro-gay, le Rocket vante d'excellents DJ, de superbes cocktails et des soirées sans prétention, mais réussies, comme ses trois nuits principales : la Void (électro), l'Alphabet (transgressive) et celle au nom extravagant d'Akeem of Zamunda (hip-hop, R&B et électro). Une fois par mois, la soirée Sabotage accueille également des DJ internationaux. (333 331 3817 ; en-gb.facebook.com/rocketmilano ; Alzaia Naviglio Grande 98 ; 23h30-5h jeu-sam ; M Porta Genova)

Sortir

Auditorium di Milano

MUSIQUE CLASSIQUE

16 PLAN P. 114, C5

Abandonné après la Seconde Guerre mondiale, le Cinema Massimo devint en 1999 le quartier général dernier cri de l'orchestre symphonique Giuseppe Verdi et du chœur de Milan ; mais il accueille aussi des figures internationales du jazz de passage et des groupes de musique de chambre. (02 8338 9401 ; www.laverdi.org ; Largo Gustav Mahler ; accueil 10h-19h mar-dim ; 3, 9)

Nidaba Theatre

MUSIQUE LIVE

17 PLAN P. 114, B4

Située en contrebas de la Via Gola, couverte de graffitis, cette salle minuscule et sans prétention accueille des concerts exceptionnels de blues, soul, folk et rock. Le tout gratuitement. Reste juste à se faufiler à l'intérieur ! (339 3477512 ; www.nidaba.it ; Via Gola 12 ; gratuit ; 21h-3h mar-sam ; 3, 9)

Shopping

Biffi

MODE, ACCESSOIRES

18 PLAN P. 114, C6

Rosy Biffi avait repéré le talent de Giorgio Armani et de Versace avant qu'ils ne deviennent mondialement connus. Plus récemment, Biffi a rendu les Milanaises accros aux jeans de marques américaines. Elle a donc un sixième sens pour repérer les dernières tendances et les adapter au conformisme milanais. On trouve une sélection des grands noms de la mode masculine et féminine dans sa boutique. (02 8311 6052 ; www.biffi.com ; Corso Genova 5 et 6 ; 10h-19h30 lun-sam ; 2, 14)

Frip

MUSIQUE

19 PLAN P. 114, C2

L'un est DJ, l'autre est styliste, et ensemble, ce couple marié produit les looks et les sons les plus novateurs de Milan. Guettez leurs vêtements de travail hyperpolyvalents ACNE et leurs chemises Marques'Almeida à manches bouffantes, ou leurs amusantes pantoufles en peau de mouton Peter Non. Bel éventail de magazines et de vinyles. (02 832 13 60 ; Corso di Porta Ticinese 16 ; 15h30-20h lun, 11h-14h et 15h-20h mar-sam ; 3)

Foto Veneta Ottica

VINTAGE

20 PLAN P. 114, D1

Ce studio des années 1930 fait l'effet d'un voyage dans le temps, avec ses armoires aux châssis de bois, remplies de montures allant des modèles papillon vintage des années 1960 à des marques modernes et chics comme Germano Gambini. Pourvoyeur européen de lunettes vintage, Foto Veneta Ottica a vu ses verres apparaître dans *Vogue*. (02 805 57 35 ; www.fotovenetaottica.com ; 1er ét, Via Torino 57 ; 9h-12h30 et 15h-19h20 lun-sam ; 2, 3, 14)

Wok

MODE, ACCESSOIRES

21 PLAN P. 114, D3

Les Milanais branchés viennent ici fournir leur garde-robe tendance. Les collections éclectiques mêlent avant-gardisme, nouvelles marques à succès et labels de rue : articles A.P.C. et Maison Margiela côtoient un mur dédié aux lunettes de soleil Retrosuperfuture. Wok organise des événements art, design et mode. (02 3656 8742 ; Viale Col di Lana 5a ; 15h-19h45 lun, midi-19h45 mar-ven, 10h30-19h45 sam ; 9)

Stiù

CHAUSSURES

22 PLAN P. 114, C3

Laboratoire créatif pour designers émergents, ce magasin possédant sa propre marque réunit des chaussures souvent audacieuses et toujours à la page. S'il chausse surtout les femmes, une collection restreinte, mais triée sur le volet, s'adresse aux hommes. (02 551 76 20 ; www.stiushoes.com ; Corso di Porta Ticinese 58 ; 15h-19h30 lun, 11h-19h30 mar-ven, 10h30-19h30 sam-dim ; 3)

Dictionary

VÊTEMENTS

23 PLAN P. 114, C3

Détenue par un ancien skateboardeur, cette boutique vestimentaire indépendante arbore une allure minimaliste et épurée, à la frontière entre élégance et style urbain. Elle présente notamment un florilège de marques d'Europe du Nord telles que Wood Wood et Sandqvist, ainsi que d'autres enseignes internationales ou florissantes, mais toujours de premier choix. (02 835 82 12 ; www.dictionarymilano.it ; Via Santa Croce 21 ; 14h30-19h30 lun, 10h30-13h30 et 14h30-19h30 mar-ven, 10h30-20h sam, 14h30-19h dim ; 3)

Mauro Leone

CHAUSSURES

24 PLAN P. 114, C3

Très prisées des fashionistas au budget serré, les chaussures Mauro Leone, fabriquées main et en Italie, sont une garantie d'élégance à prix doux (entre 50 € et 80 € la paire). Choisissez parmi une variété d'articles, des bottines à talons mi-haut bleu pétrole aux ballerines échancrées rouge Ferrari. On comprend l'engouement des Milanais pour les chaussures de Mauro. (02 5810 5041 ; www.mauroleone.com ; Corso di Porta Ticinese 103 ; 15h-19h30 lun, 10h30-13h30 et 15h30-19h30 mar-ven, 10h30-14h et 15h-19h30 sam, 15h-19h dim ; 3).

Auditorium di Milano (p. 119)

Promenade à pied

Zona Tortona

Les anciens immeubles d'ouvriers et usines de la Zona Tortona ont été investis par des sociétés de design, des ateliers d'artistes et des restaurants. C'est ici que se trouvent le siège de Diesel et celui d'Armani (l'Armani Teatro, conçu par l'architecte japonais Tadao Ando dans la Via Bergognone). Durant le salon du Meuble (Salone del Mobile), en avril, le quartier accueille des expositions, des vernissages et des fêtes.

Comment y aller

M Prenez la ligne de métro M2 (verte) pour Porta Genova, puis empruntez la Via Ventimiglia à gauche de la station et traversez la voie ferrée au niveau du pont en fer.

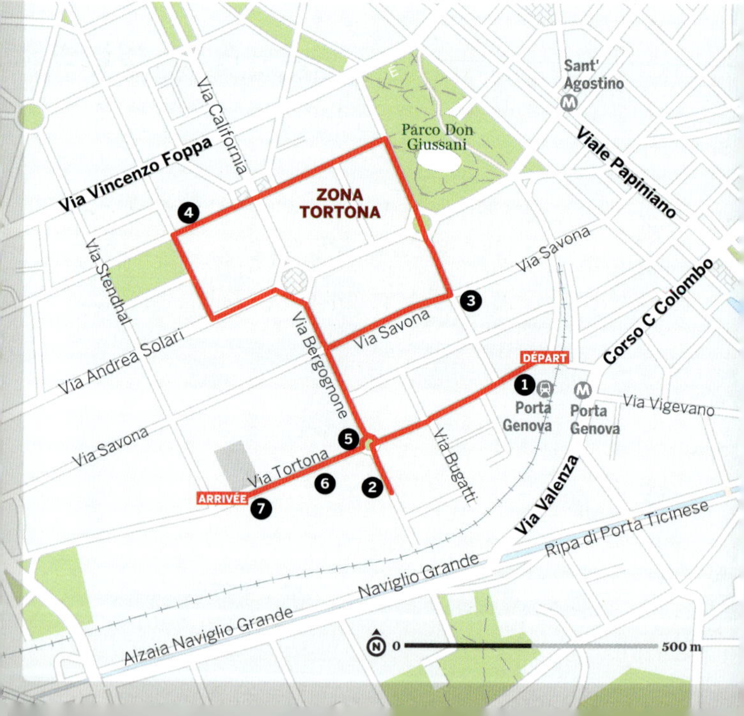

❶ Café au Cafè del Binari

Nommé en l'honneur de la voie ferrée qui a apporté la modernité au cœur de la ville, le **Cafè del Binari** (02 8940 6753 ; Via Tortona 3 ; 8h-18h ; M Porta Genova), de style Art nouveau, reflète le faste de l'ère ferroviaire. Les fauteuils club rouges et le bar en ébène sculpté recréent l'atmosphère de cet âge d'or.

❷ Armani Silos

En 1983, quand Flavio Lucchini, directeur artistique de *Vogue* Italie, ouvrit un studio de photographie dans la Via Tortona, tout le monde le prit pour un fou. Aujourd'hui, cette rue attire designers, artistes et photographes, et Giorgio Armani y a installé son musée, **Armani Silos** (02 9163 0010 ; www.armanisilos.com ; Via Bergognone 40 ; tarif plein/réduit 12/8,40 € ; 11h-19h mer-dim ; M Porta Genova).

❸ Déjeuners intemporels

Tandis que le reste de Tortona fait peau neuve, la **Trattoria Aurora** (02 832 3144 ; Via Savona 23 ; repas 40-45 € ; 12h30-14h30 et 20h-23h ; M Porta Genova) résiste aux phénomènes de mode. Nappes amidonnées et excellente cuisine du Piémont apaisent même les *fashionistas* les plus avant-gardistes.

❹ Magasin conceptuel

Niché dans une cour recouverte de lierre, **NonostanteMarras** (02 7628 0991 ; Via Cola di Rienzo 8 ; 10h-13h et 14h-19h mar-sam, fermé août ; 14), *concept-store* original créé par le couturier sarde Antonio Marras, fourmille d'objets de collection, exposés aux côtés des vêtements tendance du couturier.

❺ À la rencontre des créatifs

Si vous vous demandez où tous ces créateurs assidus disparaissent à la fin de la journée, passez au bistrot de l'espace de *co-working* Casa Base (p. 146).

❻ Design brut

Durant le Salone del Mobile (salon du Meuble) annuel de Milan, la Zona Tortona se mue en galerie en plein air et en lieu de fête grâce à un autre salon organisé en marge du premier, le Fuorisalone (fuorisalone.it). Certains des meilleurs événements ont lieu au **Superstudio Più** (02 4225 0150 ; www.superstudiogroup.com ; Via Tortona 27 ; horaires variables ; M Porta Genova).

❼ Cocktails et tapas

Lorsque vous aurez épuisé les expositions du Salone, repliez-vous dans la serre qui héberge le **Botanical Club** (02 423 28 90 ; www.thebotanicalclub.com ; Via Tortona 33 ; cocktails 8-13 €, repas 25-45 € ; 12h30-14h30 et 18h30-minuit lun-jeu, 12h30-14h30 et 18h30-1h30 ven, 18h30-1h30 sam ; M Porta Genova), un élégant restaurant, qui fait aussi bar à cocktails et microdistillerie.

Explorer
Porta Romana et Porta Vittoria

Porta Romana et Porta Vittoria sont des zones résidentielles recherchées, où les immeubles Art nouveau et les restaurants et bars au bon rapport qualité/prix ne manquent pas. L'arche romaine érigée par Philippe III d'Espagne en 1596 demeure à Porta Romana, mais ces deux quartiers ne possèdent pas de véritable centre, bien que la création de l'éclatante Fondazione Prada ait accru leur cote de popularité.

Commencez par explorer Porta Vittoria en faisant une halte à la Pasticceria Sissi (p. 128), puis en parcourant ses boutiques vintage. Descendez ensuite vers le sud et allez admirer en chemin les fresques de l'église Santa Maria dei Miracoli e San Celso et l'octogone du jardin de la Rotonda della Besana (p. 127), où vous pourrez vous arrêter pour un Spritz ou un pique-nique. Poursuivez alors au sud de Porta Romana pour découvrir les œuvres contemporaines pionnières de la Fondazione Prada (p. 127). Vous serez au bon endroit pour savourer un aperitivo et un dîner avant d'aller vous déhancher au Santeria Social Club (p. 132).

Comment y aller et circuler

M Pour le spa QC Terme (www.termemilano.com) et les bassins d'I Bagni Misteriosi, sortez à Porta Romana sur la ligne de métro M3 (jaune). Pour la Fondazione Prada, continuez jusqu'à Lodi TIBB sur la même ligne.

Le tram n°9 parcourt les environs de la Viale Premuda, approchant la Rotonda della Besana, tandis que les tramways nos 12 et 27 longent le Corso di Porta Vittoria et le Corso XXII Marzo.

Plan de Porta Romana et Porta Vittoria p. 126

Chiesa di San Bernardino alle Ossa (p. 128) POSZTOS/SHUTTERSTOCK ©

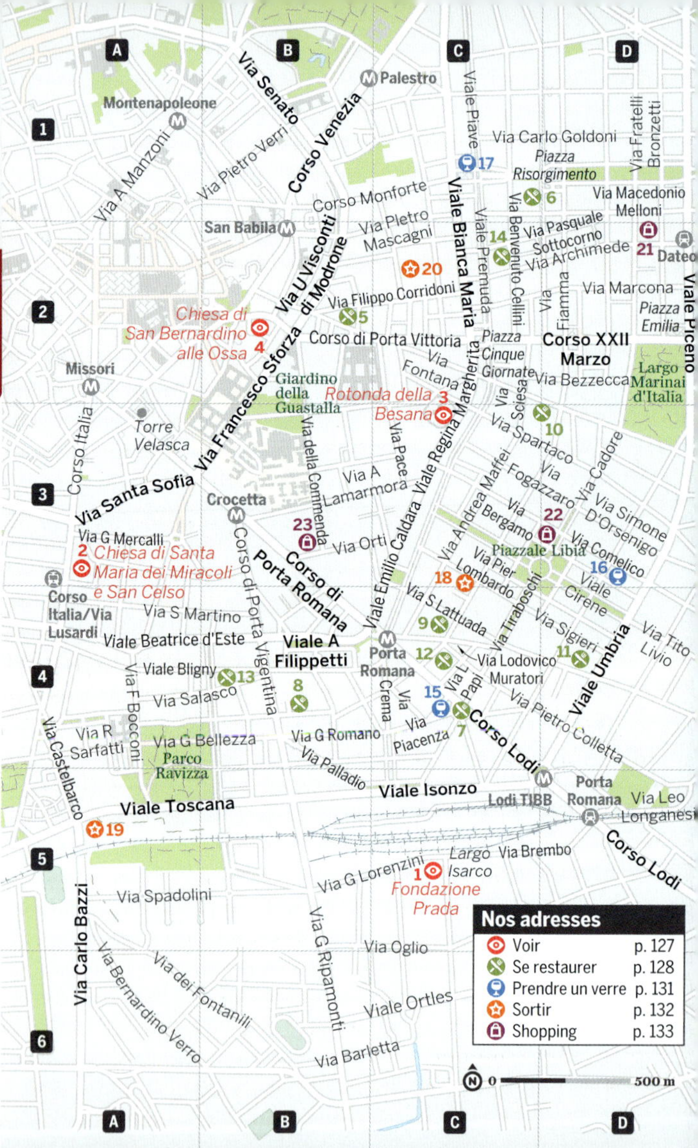
A
B
C
D
1
2
3
4
5
6
Palestro
Montenapoleone
Via Senato
Corso Venezia
Via A Manzoni
Via Pietro Verri
Viale Piave
17
Via Carlo Goldoni
Piazza Risorgimento
Via Fratelli Bronzetti
6
Via Macedonio Melloni
Corso Monforte
San Babila
Via Pietro Mascagni
Viale Bianca Maria
Viale Premuda
Via Benvenuto Cellini
14
Via Pasquale Sottocorno
Via Archimede
21
Dateo
20
Via U Visconti di Modrone
Via Filippo Corridoni
5
Via Fiamma
Via Marcona
Piazza Emilia
Viale Piceno
Chiesa di San Bernardino alle Ossa
4
Corso di Porta Vittoria
Piazza Cinque Giornate
Corso XXII Marzo
Via Fontana
Via Sciesa
Via Bezzecca
Largo Marinai d'Italia
Missori
Via Francesco Sforza
Giardino della Guastalla
Rotonda della Besana
3
Viale Regina Margherita
10
Via Spartaco
Torre Velasca
Corso Italia
Via della Commenda
Via Pace
Via A Lamarmora
Via Andrea Maffei
Via Fogazzaro
Via Cadore
Via Santa Sofia
Crocetta
Via Bergamo
22
Via Simone D'Orsenigo
23
Via G Mercalli
Via Orti
Viale Emilio Caldara
Piazzale Libia
Via Comelico
2
Chiesa di Santa Maria dei Miracoli e San Celso
Corso di Porta Romana
Via Pier Lombardo
16
18
Viale Cirene
Corso Italia/Via Lusardi
Via S Martino
Corso di Porta Vigentina
Via S Lattuada
Via Tiraboschi
Via Sigieri
Via Tito Livio
Viale Beatrice d'Este
Viale A Filippetti
9
Porta Romana
12
Via Lodovico Muratori
11
Viale Umbria
Viale Bligny
13
Via L Papi
Via F Bocconi
Via Salasco
8
Via Crema
15
Via Piacenza
7
Corso Lodi
Via Pietro Colletta
Via Castelbarco
Via R Sarfatti
Via G Bellezza
Parco Ravizza
Via G Romano
Via Palladio
Viale Isonzo
Lodi TIBB
Porta Romana
Via Leo Longanesi
Viale Toscana
19
Corso Lodi
Largo Isarco
Via Brembo
Via G Lorenzini
1
Fondazione Prada
Via Spadolini
Via Carlo Bazzi
Via G Ripamonti
Via Bernardino Verro
Via dei Fontanili
Via Oglio
Viale Ortles
Via Barletta
Nos adresses
Voir p. 127
Se restaurer p. 128
Prendre un verre p. 131
Sortir p. 132
Shopping p. 133
N
0
500 m

Voir

Fondazione Prada GALERIE

1 PLAN P. 126, C5

Musée novateur et imaginatif conçu par la créatrice Miuccia Prada et l'architecte Rem Koolhaas. Sept bâtiments rénovés et trois nouveaux édifices ont métamorphosé une ancienne distillerie en 19 000 m² d'espaces d'exposition sur plusieurs niveaux. Les bâtiments, dont une tour de quatre étages recouverte de feuille d'or nommée Haunted House, s'imbriquent sans rupture et présentent des perspectives époustouflantes. (www.fondazioneprada.org ; Largo Isarco 2 ; tarif plein/réduit 15/12 € ; 10h-19h, fermé mar ; M Lodi TIBB)

Chiesa di Santa Maria dei Miracoli e San Celso ÉGLISE

2 PLAN P. 126, A3

Parsemée de statues, la façade Renaissance de cette église semble tout sauf milanaise, avec son marbre de Carrare éclatant et son extravagance maniériste. Elle occupe pourtant une place à part dans le cœur des Milanais aux côtés du Duomo et de Sant'Ambrogio grâce à sa fresque miraculeuse du XVe siècle, la *Vierge à l'Enfant*, dans le collatéral gauche. Des peintures murales de la Renaissance réalisées par Bergognone, Procaccini et Appiani donnent à l'intérieur un éclat chamarré. (www.santamariadeimiracoliesancelso.it ; Corso Italia 37 ; gratuit ; 10h-midi et 16h-17h30 lun-mer et ven-sam, 16h-18h dim ; M Missori)

Rotonda della Besana JARDINS

3 PLAN P. 126, C3

Cet ancien cimetière pour les pauvres aurait accueilli jadis près de 150 000 sépultures. C'est aujourd'hui un décor charmant pour pique-niquer, flâner ou visiter le **MUBA** (www.muba.it ; Via Enrico Besana 12 ; adulte/enfant/famille de 4 pers 8/10/25 € ; 7h-20h nov-mars, 7h-21h avr et oct, mai-sept 7h-22h ; ; 9), musée des enfants accompagné d'un café chic.

De style baroque tardif, la rotonde abrite en son centre une chapelle reconvertie et de charmants portiques le long de ses murs. (Via Enrico Besana 12 ; gratuit ; 9)

Torre Velasca

Gratte-ciel de 1958 dessiné par le Studio BBPR, la **Torre Velasca** (plan p. 126, A3 ; Piazza Velasca ; M Missori) est emblématique de Milan. Un tantinet sinistre, évoquant clairement la science-fiction et tirant ingénieusement le maximum de son espace au sol, cette tour aux derniers étages plus larges est tout ce qu'il y a de plus lombard. Malheureusement, hormis le hall d'entrée, elle est actuellement aussi imprenable que les forteresses médiévales qu'elle imite.

Chiesa di San Bernardino alle Ossa

ÉGLISE, OSSUAIRE

4 PLAN P. 126, B2

Cette église date du XIIIe siècle, lors duquel on enterrait dans son ossuaire les victimes de la peste venues de l'hôpital voisin de San Barnaba. Après avoir été emportée par la chute du clocher de Santo Stefano, juste à côté, elle fut reconstruite dans un style rococo en 1679. Les murs du nouvel ossuaire et sa voûte décorée de la fresque *Triomphe des âmes dans un envol d'anges* sont jonchés d'ornements macabres en ossements humains, que parachèvent des crânes de prisonniers condamnés. (Via Carlo Giuseppe Merlo 4 ; gratuit ; 8h-18h lun-ven, 9h30-18h sam, 9h30-midi dim ; M Duomo)

Se restaurer

Pavé Ice-cream

GELATERIA €

5 PLAN P. 126, B2

Magnifique *gelateria*, avec ses comptoirs surmontés de marbre et ses pots de glace en inox qui rappellent la palette d'un peintre. Prodige de la crème glacée, Simona Carmagnola repousse les frontières du royaume des saveurs : café, cardamome, fèves tonka épicées et un sorbet roquette-citron vert qui réveillera vos papilles. Plats vegan de qualité également disponibles. (02 9438 3619 ; pavemilano.com ; Via Cesare Battisti 21 ; boules 2,50-4 € ; 13h-19h lun et mer-ven, 14h-19h sam-dim ; ; 12, 19, 27)

Pasticceria Sissi

PASTICCERIA €

6 PLAN P. 126, C1

On ne fait pas plus milanais qu'un petit-déjeuner à Sissi. Pourtant, avec ses murs rose clair, ses posters vintage et un propriétaire italo-sénégalais à la personnalité marquante, c'est loin d'être une *pasticceria* classique. Glissez-vous entre les manteaux de fourrure des *sciure* (Milanaises de la haute société) pour goûter ses sucreries et croissants réputés. (02 7601 4664 ; Piazza Risorgimento 6 ; pâtisseries 1,30-4 €, gâteaux 6-7 € ; 6h30-midi lun, 6h30-20h mer-dim ; 9)

Giannasi dal 1967

RESTAURATION RAPIDE €

7 PLAN P. 126, C4

Depuis 1967, sur son stand de la Piazza Buozzi, Dorando Giannasi sert le meilleur poulet rôti de Milan. Mariné dans un mélange de fines herbes, puis grillé dans la cuisine de l'autre côté de la rue, son fumet attire les foules à l'heure du déjeuner. On peut déguster brochettes de légumes, pommes de terre au romarin, boulettes de riz *arancini* et rôti de bœuf à l'anglaise au comptoir ou à emporter. (02 0857 6881 ; giannasi1967.com ; Piazza Bruno Buozzi ; demi-poulet 2,50 € ; 9h-20h30 lun-sam ; M Porta Romana)

Trattoria del Pescatore

PRODUITS DE LA MER €€

8 PLAN P. 126, B4

Le meilleur restaurant de poisson milanais se cache derrière des stores verts. Aux commandes, Giuliano et Agnese, couple sarde accompagné de leur fils, qui a bénéficié d'un stage au restaurant trois étoiles Arzak à San Sebastián. Les pâtes sont faites maison, et leur plat signature, un homard catalan aux tomates Camone et oignons de Tropea, est immanquable. Finissez par un sorbet pomme verte et des fromages sardes. (☎ 02 5832 0452 ; www.trattoriadelpescatore.it ; Via Atto Vannucci 5 ; repas 40-45 € ; 12h30-14h30 et 20h-23h lun-sam ; M Porta Romana)

Trattoria Trippa ITALIEN €€

9 PLAN P. 126, C4

Après avoir perfectionné son art au restaurant étoilé Michelin St Hubertus dans les Dolomites, le chef Diego Rossi a ouvert son propre établissement avec le blogueur Peter Caroli. Comme le nom l'indique, les tripes abondent au menu, accompagnées de recettes à base d'anguille, de pousses sauvages, d'omble, de lapin et d'escargots. Les ingrédients sont de première qualité, et la carte des vins bio vaut le coup d'œil. (☎ 327 6687908 ; www.trippamilano.it ; Via Giorgio Vasari 3 ; repas 30-40 € ; 19h15-23h30 lun-sam ; M Porta Romana)

Pasticceria KNAM PASTICCERIA €€

10 PLAN P. 126, D3

L'une des plus célèbres pâtisseries de la ville, ouverte par le chef allemand Ernst Knam. Connue pour ses mariages de saveurs insolites et ses desserts chocolatés, elle propose aussi sa version

Fondazione Prada (p. 127)

du panettone de Noël, rebaptisé Knamettone. (☎ 02 5519 4448 ; www.eknam.com ; Via Augusto Anfossi 10 ; petits gâteaux et pâtisseries à partir de 6 €, chocolat à l'unité 1,50 € ; 16h-20h lun, 10h-13h et 16h-20h mar-ven, 10h-13h et 15h-20h sam, 10h-13h dim ; 9)

Un Posto a Milano

ITALIEN MODERNE **€€**

11 PLAN P. 126, D4

Cette *cascina* (ferme) était une ruine avant qu'un groupe de coopératives et d'associations lui trouvent de nouvelles utilités : restaurant, bar, point de rencontre et *gesthouse* (p. 146). Salades délicieuses, *focaccia* faite sur place, soupes et en-cas sont servis toute la journée au bar, tandis que le restaurant mitonne une cuisine maison simple à base d'ingrédients locaux. (☎ 02 545 77 85 ; www.unpostoamilano.it ; Via Cuccagna 2 ; repas 15-35 € ; 9h-1h ; M Porta Romana)

Pastamadre

SICILIEN **€€**

12 PLAN P. 126, C4

Cette boulangerie sicilienne – et restaurant – dont le nom désigne le levain naturel utilisé par les maîtres pâtissiers depuis plus d'un siècle montre que simplicité peut rimer avec délice. Dégustez au bar leurs pains, croissants et pâtes feuilletées bio, garnies de frangipane à la fraise. Au déjeuner, testez les pâtes maison avec sauces siciliennes comme le bouillon de poulpe. (☎ 02 5519 0020 ; Via Bernardino Corio 8 ; repas 25-35 € ; midi-14h30 et 19h-23h lun-sam, midi-14h30 dim ; M Porta Romana)

Pasticceria KNAM

Potafiori

ITALIEN €€

13 PLAN P. 126, B4

Bel établissement tenu par la chanteuse de jazz et fleuriste Rosalba Piccinni. Le matin, on charge ses longs bancs de pierre de pâtisseries sous cloche, avant que la clientèle arrive pour grignoter des salades de quinoa sur ses tables laquées. Le cadre change à nouveau à l'*aperitivo*, où le Spritz est ponctué d'éruptions pianistiques et chantées. (02 8706 5930 ; www.potafiori.com ; Via Salasco 17 ; repas 40-50 € ; midi-15h et 18h30-23h mar-sam ; ; 9)

Ristorante da Giacomo

PRODUITS DE LA MER €€€

14 PLAN P. 126, C2

Dans ce restaurant toscan où poissons et crustacés sont à l'honneur, commencez par une part de pizza aux sardines et aux câpres avant de passer aux *linguine* fraîches aux langoustines, et à la perche de mer au four. (02 7602 3313 ; www.giacomoristorante.com ; Via Pasquale Sottocorno 6 ; repas 50-60 € ; 12h30-15h30 et 19h-minuit ; 9, 19)

Prendre un verre

The Spirit

BAR À COCKTAILS

15 PLAN P. 126, C4

Porte incrustée de métal et d'un mystérieux hublot, large bar en bois profilé et tabourets jaune canari : le Spirit est un bar à cocktails sérieux et très engageant. Toutes les deux semaines, le manager Luca Bacchi et son équipe vous dressent une liste de cocktails caractéristiques et uniques, couplés à des rhums exclusifs comme le Ron Gran, des whiskies japonais et un précieux mezcal Pechuga. (02 8457 0612 ; www.thespirit.it ; Via Piacenza 15 ; 18h-2h mar-dim ; M Porta Romana)

LambicZoon

BAR

16 PLAN P. 126, D3

Ce bar à bières artisanales a remporté profusion de récompenses pour ses hommages surprenants aux bières de fermentation spontanée, aux marques belges importées et aux ales amères italiennes telles que la Flos Alba Bergamotto de Birrificio Italiano et ses touches d'agrumes. À l'étage inférieur, un restaurant propose burgers et plateaux de viande et fromages. Il y a aussi un petit patio à l'extérieur. (02 3653 4840 ; www.lambiczoon.com ; Via Friuli 46 ; 18h-1h lun-jeu, 18h-2h ven, 12h30-2h sam ; 16)

Nottingham Forest

BAR À COCKTAILS

17 PLAN P. 126, C1

Ce bar nommé d'après une équipe de foot anglaise est le QG du mixologiste moléculaire Dario Comino, expert en cocktails fumants sur lit de glace. Parmi ses spécialités, l'Elite, mélange de vodka, de perles et de saké, aurait des vertus aphrodisiaques. (www.nottingham-

Vivre comme au lido

Conçu comme un centre communautaire par l'architecte Luigi Secchi en 1939, **I Bagni Misteriosi** (02 8973 1800 ; www.bagnimisteriosi.com ; Via Carlo Botta 18 ; entrée 3,50 € et supplément selon le moment de la journée ; horaires variables ; ; M Porta Romana) est une gracieuse piscine moderniste en plein air, avec vastes bassins chauffés, pelouses rases, portiques ombragés, bistrot et bar. Restaurée puis rouverte en 2017, elle est redevenue un lieu de rendez-vous prisé l'été. Outre la baignade, elle propose tai-chi, cours d'art et, le soir, *aperitivo*, danse et concerts organisés sur une scène flottante par le théâtre attenant, le Franco Parenti (ci-dessous).

Venez idéalement entre 18h30 et 21h pour un *aperitivo* inoubliable autour des bassins.

forest.com ; Viale Piave 1 ; cocktails 12 € ; 18h-1h mar-dim ; 9, 19)

Sortir

Teatro Franco Parenti THÉÂTRE

18 PLAN P. 126, C3

Après s'être fait connaître en programmant les plus grands noms du cinéma et du théâtre italien, le Franco Parenti assoit sa place au sein du quartier avec l'ouverture d'I Bagni Misteriosi (ci-dessus). Outre le théâtre, on y organise concerts, projections, lectures et divers événements en plein air. (02 5999 5206 ; www.teatrofrancoparenti.it ; Via Pier Lombardo 14 ; M Porta Romana)

Santeria Social Club DISCOTHÈQUE

19 PLAN P. 126, A5

Les espaces multifonctions font fureur à Milan, et le Santeria s'inscrit dans cette tendance. La journée, cet ancien concessionnaire Volvo fait office d'espace de *co-working*, de salle de classe (avec des cours de communication musicale, de marketing et pour barmans) et de restaurant. Passé une certaine heure, il devient l'un des bars récents les plus courus de la ville, avec musique live et soirées culturelles. (02 2219 9381 ; www.santeria.milano.it/toscana ; Viale Toscana 31 ; 18h-1h mar-jeu, 18h-2h ven-sam, 11h-minuit dim ; 90)

Conservatorio di Musica Giuseppe Verdi MUSIQUE CLASSIQUE

20 PLAN P. 126, C2

Basé dans un ancien couvent des Laterani, le conservatoire de musique et lycée le plus prestigieux de Milan a formé certains des meilleurs chefs d'orchestre et musiciens du pays. Ironie du sort, alors qu'il en a été éconduit, Giuseppe Verdi lui a donné son nom. Aujourd'hui, représentations de musique de chambre et concerts symphoniques ont lieu dans 2 salles : la Sala Puccini et la Sala Verdi. (☎02 76 21 10 ; www.consmilano.it ; Via Conservatorio 12 ; M San Babila)

Shopping

Altalen

CHAPELIER

Antonina Nafi de Luca et Elena Todros sont les nouvelles chapelières en vogue à Milan. Dans leur minuscule atelier situé près du Ristorante da Giacomo (voir 14 plan p. 126, C2), elles confectionnent des chapeaux de golfeur de Madagascar, d'imposants turbans en soie et des bérets sur mesure. Souvent inspirées de scènes du cinéma ou du théâtre, leurs créations leur valent de figurer régulièrement dans des défilés du monde de la mode, mais leurs couvre-chefs de feutre et leurs chapeaux de plage en paille pliables sont tout indiqués au quotidien. (☎02 8703 4435 ; Via Benvenuto Cellini 21 ; ⏰10h30-13h et 15h30-19h mar-ven, sam sur rdv ; 🚋9)

Mania Vintage

VINTAGE

21 PLAN P. 126, D2

Les vrais fans de sacs à main seront comblés par cette boutique vintage superbement organisée, spécialisée dans les sacs et accessoires de marques de luxe telles que Chanel, Louis Vuitton, Hermès et Prada, dont des éditions limitées trônent dans des armoires en verre. Roberto, le propriétaire, est un collectionneur passionné et se fait un devoir de certifier chaque article. Si vous convoitez les sacs rares Kelly, il accepte le paiement en plusieurs fois. (☎02 8708 8040 ; www.maniavintage.it ; Via Fratelli Bronzetti 11 ; ⏰15h30-19h30 lun, 10h30-19h30 mar et jeu-sam, 10h30-13h et 16h-19h30 mer ; 🚋12, 27)

Camiceria Olga

VÊTEMENTS

22 PLAN P. 126, D3

Si Milan a démocratisé le prêt-à-porter dans les années 1960, la tradition du sur-mesure perdure, et la plupart des Milanais ont une couturière ou un tailleur personnel. Tentez l'expérience chez ce professionnel aux prix accessibles qui taille des chemises unies, à rayures ou même en soie brute et en cachemire. Ouvert sans rendez-vous et livre dans le monde entier. (☎02 4547 8092 ; www.camiceriaolga.it ; Via Comelico 3 ; ⏰14h30-19h30 lun, 8h30-18h mar-ven, 8h30-12h30 sam ; 🚋16)

Ciasmo

MODE, ACCESSOIRES

23 PLAN P. 126, B3

Avec deux grands-mères couturières, il n'est pas surprenant que les showrooms mode et décoration de Sara Scaramuzza débordent d'articles colorés et originaux. Costumes et robes disponibles sur mesure, mais vous repartirez peut-être aussi avec un parapluie en étoffe japonaise, un chapeau de paille ou une charmante sculpture de papier. (☎02 5518.5548 ; ciasmo.it ; Via Orti 7 ; ⏰10h-14h et 15h-19h mar-sam ; M Crocetta)

Vaut le détour

Îles Borromées

Plus joli coin du lac Majeur (Lago Maggiore), les îles Borromées (Isole Borromee) appartiennent toujours à la famille aristocratique des Borromeo. Propriétaire de ces îles (six sur les neuf que compte le lac) depuis le XVIIe siècle, la famille passe toujours l'été dans le splendide Palazzo Borromeo. Les Isole Bella, Madre et Superiore (alias Isola dei Pescatori) se visitent, mais la minuscule San Giovanni est inaccessible.

0323 3 05 56

www.isoleborromee.it

Adulte/enfant Isola Bella 18/11 €, Isola Madre 15/8,50 €, forfait 2 îles 25/13 €

10h-17h30 ven-dim mi-mars à mi-avr, mi-avr à fin sept 10h-17h30 tlj, 10h-17h tlj oct

Isola Bella

L'Isola Bella (en photo à gauche) est le joyau de l'archipel borroméen. Elle prit le nom de l'épouse du comte Carlo III Borromeo, la "belle" Isabelle, lorsque son mari fit construire un vaste palais niché dans un jardin exotique pour sa famille. Bâti sur une île désertique entre 1632 et 1671, il s'agit d'une version selon Carlo III du jardin des Hespérides, verger fabuleux de la mythologie grecque où poussaient des pommes qui rendaient immortel.

Pour ceux qui souhaitent découvrir la magie de l'île après le crépuscule, **Elvezia** (☎0323 3 00 43 ; Via Lungo Lago Vitt. Emanuele 18 ; repas 32-42 € ; ⏲12h-15h et 19h-21h) dispose de huit chambres élégantes (d 155-185 €). C'est aussi le lieu par excellence pour un repas sur l'île, et notamment pour dîner sous une pergola parée de fleurs. Les plats proposés comprennent raviolis fourrés à la ricotta, risotto et poissons du lac tels que le corégone *alle mandorle* (aux amandes).

Le Palazzo Borromeo

Trônant au-dessus d'un extraordinaire jardin à plusieurs niveaux, le Palazzo Borromeo est le plus bel édifice du lac Majeur. Le comte Carlo envisageait une pyramide de terrasses qui recréeraient la silhouette d'un galion à l'ancre. Les rares habitants de l'île à qui l'on demanda de quitter leurs maisons ne partageaient évidemment pas l'enthousiasme du comte. Les plans furent donc modifiés, et le galion perdit sa proue pointue. Il conserve néanmoins l'apparence d'un navire qui flotterait sur le lac.

À l'intérieur, salles et chambres d'amis revêtent de nombreux ornements somptueux et les œuvres les plus raffinées. On notera pour être particulièrement saisissantes la Sala di Napoleone, où demeurèrent l'empereur et son épouse en 1797, la grandiose Sala da Ballo (salle de Bal), la Sala del Trono (salle du Trône), très chargée, et la Sala delle Regine (salle des Reines).

★ À savoir

Pour devancer la foule, visitez les îles Borromées tôt le matin. Si vous projetez d'accoster les trois îles depuis Verbania ou Stresa, un billet journée aller-retour à 17 € inclut des arrêts à Verbania, Stresa, Baveno et sur les trois *isole*.

Une petite pause ?

L'Isola Bella compte notamment un café dans le Palazzo Borromeo. L'Elvezia (ci-contre) est la meilleure adresse.

Autrement, les visiteurs se rendent sur l'Isola Superiore, où la Casabella (p. 137) se situe à côté du rivage.

Comment y aller

Des trains rejoignent Stresa depuis Milan toutes les heures (à partir de 8,60 €, 1 heure 15).

Des ferries relient toutes les demi-heures environ Stresa à l'Isola Bella (7 € aller-retour, 5 à 10 minutes).

Ce palais-musée comporte un deuxième musée qui expose la collection des Borromeo, forte de 130 toiles de vieux maîtres, et notamment Rubens, le Titien, Véronèse, Mantegna, Van Dyck et Ribera (dit *lo Spagnoletto*). Il recèle aussi des tapisseries flamandes, des sculptures de Canova et – dans le Salone Grande – une maquette en bois de 200 ans qui représente l'île et le palais.

Le jardin

À l'extérieur, vous découvrirez l'un des jardins baroques les plus raffinés d'Italie, pensé par Angelo Crivelli. Fontaines, grottes et théâtre d'eau forment un espace dynamique à l'allure scénographique. D'importantes quantités de terre ont été importées sur l'île pour habiller cet âpre rocher de dix terrasses inclinées. Ont suivi le marbre de Baveno et la pierre de Viggiù. Ensuite, des navires chargés de citronniers espagnols, de lis et de lotus apportèrent la flore de ces galeries ascendantes et, enfin, les statues, *putti* et licornes de Borromeo, furent installés au sommet du théâtre d'eau incrusté de coquillages de Carlo Fontana. Le jardin exprime parfaitement l'assurance et le pouvoir de la famille Borromeo, qui donna deux cardinaux à Milan, dont un fut canonisé par le pape Paul V en 1610.

Isola Madre

Plus grande île de l'archipel borroméen, l'Isola Madre s'étend sur 7,8 ha voués à un magnifique jardin botanique parmi les plus anciens d'Italie. Le microclimat favorable de cette *isola* a permis la croissance

Isola Superiore

Paysagistes pionniers

Plutôt que les architectes, les héros des jardins du XIXe siècle sont les jardiniers, avec des horticulteurs tels que les frères Rovelli, qui travaillaient pour la famille Borromeo. Experts en culture et en hybridation, ils possédaient une pépinière à Verbania et Pallanza où ils vendaient certaines des 500 variétés de camélias du comte, ainsi que des catalogues botaniques. Cette circulation de l'information facilitée popularisa le jardinage en tant que passe-temps et, au XIXe siècle, les pépinières et autres sociétés d'horticulture proliféraient dans la région des lacs. Cette passion perdure aujourd'hui, comme en témoignent les flots d'amateurs que rassemblent la **fête des Camélias** (mars) du lac Majeur et la **Settimana del Tulipano** (avr), une semaine consacrée aux tulipes à la **Villa Taranto** (0323 55 66 67 ; www.villataranto.it ; Via Vittorio Veneto 111, Verbania Pallanza ; tarif plein/réduit 12/6 € ; 9h-18h mars,9h-19h avr-sept, 9h30-16h30 oct ; P).

de glycines, de plantes subtropicales rares, ainsi que de fleurs et d'arbres exotiques. Son doyen est un énorme cyprès du Cachemire plus de deux fois centenaire.

Le Palazzo Madre

Le Palazzo Madre et ses ravissants jardins englobent la totalité de l'Isola Madre. Ce palais des XVIe et XVIIIe siècles est un édifice magnifiquement décadent où se bousculent mobilier ancien et ornements de toutes sortes. Le palais conserve la collection de poupées de la comtesse Borromeo, un théâtre de marionnettes néoclassique créé par un décorateur de la Scala et un petit théâtre des horreurs avec des marionnettes diaboliques.

Isola Superiore

Avec environ 50 habitants permanents, la minuscule "île des Pêcheurs" a conservé son ambiance de village de pêcheurs. Hormis l'abside du XIe siècle et la fresque du XVIe siècle de la charmante Chiesa di San Vittore, il n'y a pas grand-chose à voir. En revanche, l'île est devenue un port d'escale apprécié pour déjeuner. Dans les restaurants près du débarcadère, le poisson frais du lac est toujours au menu.

À la pointe sud de l'île se tient l'**Albergo Verbano** (0323 30 408 ; www.hotelverbano.it ; Via Ugo Ara 2 ; d 140-210 € ; avr-déc ;). Cet hôtel loge les visiteurs depuis 1895 et dispose d'un ravissant restaurant donnant sur le lac, avec une cuisine axée sur le poisson. Autre excellente adresse au bord de l'eau, la **Casabella** (340 259 4718 ; www.ristorantecasabella.it ; Via del Marinaio 1 ; repas 30-50 €, menu dégustation 5 plats 55 € ; midi-15h et 18h30-23h mi-mars à nov) dispose d'une carte comprenant bœuf fumé sur place aux épinards, calamar blanchi à la ricotta et poisson du lac cuit à la perfection.

Vaut le détour

Côme

Nichée au sud du lac du même nom, Côme (Como) est une ville historique et expansive, fondée par Jules César au Ier siècle av. J.-C. Les philosophes Pline l'Ancien et Pline le Jeune y naquirent, et Virgile tenait le lac de Côme (Lago di Como), si étroit, si profilé et donnant sur un amphithéâtre alpin grandiose, pour le plus beau lac italien. Avec ses hôtels branchés et ses bons restaurants, Côme se veut aujourd'hui le pôle le plus tendance du lac.

Comment y aller

Trains au départ de la Stazione Centrale de Milan pour la gare Como San Giovanni (4,80-15 €, 37 minutes-1 heure 30).

Trains de la gare Cadorna FN à Milan à celle de Como Nord Lago (4,80 €, 1 heure, 1/heure).

Duomo

Parée de marbre, la **Cathédrale** (031 331 22 75 ; Piazza del Duomo ; gratuit ; 7h30-19h lun-sam, 7h30-20h dim) de Côme est l'un des plus importants édifices autour du lac. Divers styles y ont été incorporés au fil de sa construction, qui a duré plusieurs siècles (1396-1770) : des éléments romans, Renaissance et gothiques, couronnés par une coupole rococo. À l'intérieur, des chapelles Renaissance jalonnent les voûtes croisées de la nef, où sont suspendues d'immenses tapisseries tissées de fil d'or à Ferrare, Florence et Anvers. Des statues de Pline l'Ancien et de Pline le Jeune ornent la façade, un honneur rarement fait à ces deux philosophes humanistes.

Passeggiata Lino Gelpi

La promenade qui suit le lac vers l'ouest depuis la Piazza Cavour est très belle. La Passeggiata Lino Gelpi passe près du **Monumento ai Caduti** (mémorial de guerre ; Viale Puecher 9), édifié en 1931 pour rendre hommage aux victimes de la Première Guerre mondiale. Elle longe ensuite de vastes demeures, notamment la **Villa Saporiti** (Via Borgo Vico 148) et la **Villa Gallia** (Via Borgo Vico 154), qui appartiennent aujourd'hui aux autorités de la province et sont fermées au public, et rejoint la **Villa Olmo** (031 25 23 52 ; www.villaolmocomo.it ; Via Cantoni 1 ; jardins entrée libre, villa tarifs variables ; pendant les expositions 10h-18h mar-dim, jardins 7h-23h avr-sept, 7h-19h oct-mars). Au moment d'imprimer ce guide, une partie des jardins et du bâtiment était fermée pour travaux.

Basilica di San Fedele

Clôturant d'un côté ce qui fut à l'époque médiévale un marché céréalier, cette **basilique** (Piazza San Fedele ; 8h-midi et 15h30-19h) lombarde romane remonte au VIIe siècle, quoique son incarnation actuelle ait été érigée en 1120, après le scellement dans l'autel des reliques du martyr romain saint Fidèle. Ses trois nefs et absides sont

★ À savoir

- Le **point d'information touristique** (031 30 41 37 ; www.visitcomo.eu ; Via Albertolli 7 ; 9h-13h et 14h-18h) de Côme est une mine d'informations.

Une petite pause ?

L'**Osteria del Gallo** (031 386 8025 ; www.osteriadelgallo-como.it ; Via Vitani 16 ; repas 26-32 € ; 12h30-15h lun, 12h30-15h et 19h-21h mar-sam) est une trattoria qui sert des plats locaux.

Le bar à vins **Pronobis** (031 26 17 86 ; Via Lambertenghi 19 ; repas 15-30 € ; 10h-21h lun-sam) propose un menu restreint et d'excellents accords mets-vins.

L'**Enoteca Castiglioni** (031 26 18 60 ; www.enotecacastiglioni.com ; Via Rovelli 17 ; 10h-15h et 16h-20h lun-jeu, 10h-21h ven, 10h-22h sam) est une épicerie fine patrimoniale doublée d'un négociant en vins.

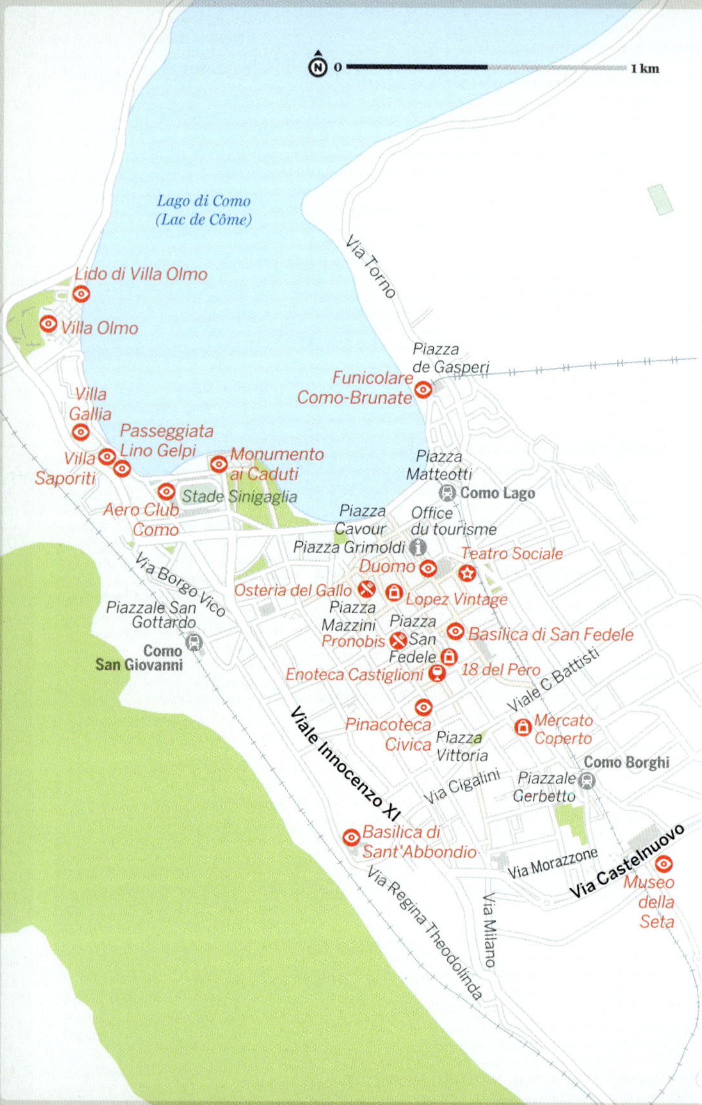
0
1 km
Lago di Como
(Lac de Côme)
Via Torno
Lido di Villa Olmo
Villa Olmo
Piazza
de Gasperi
Funicolare
Como-Brunate
Villa
Gallia
Passeggiata
Lino Gelpi
Villa
Saporiti
Monumento
ai Caduti
Piazza
Matteotti
Como Lago
Stade Sinigaglia
Aero Club
Como
Piazza
Cavour
Office
du tourisme
Piazza Grimoldi
Teatro Sociale
Duomo
Via Borgo Vico
Osteria del Gallo
Lopez Vintage
Piazzale San
Gottardo
Piazza
Mazzini
Piazza
San
Fedele
Basilica di San Fedele
Pronobis
Como
San Giovanni
Enoteca Castiglioni
18 del Pero
Viale C Battisti
Pinacoteca
Civica
Piazza
Vittoria
Mercato
Coperto
Viale Innocenzo XI
Como Borghi
Via Cigalini
Piazzale
Gerbetto
Basilica di
Sant'Abbondio
Via Morazzone
Via Castelnuovo
Museo
della
Seta
Via Regina Theodolinda
Via Milano

décorées de fresques des XVIe et XVIIe siècles, mais il en subsiste de plus anciennes, comme la *Décapitation de saint Fidèle*.

Funiculaire

Construit en 1894, le **Funicolare Como-Brunate** (☎031 30 36 08 ; www.funicolarecomo.it ; Piazza de Gasperi 4 ; tarif plein aller/retour 3,10/5,70 €, réduit 2,10/3,30 € ; ⌚départs toutes les 30 minutes 6h-minuit été, 6h-22h30 hiver) met 7 minutes pour atteindre Brunate (720 m), un village offrant une vue époustouflante sur les lacs et les montagnes. De là, un sentier conduit en une trentaine de minutes à San Maurizio (907 m), puis 143 marches mènent au sommet du phare.

Lido di Villa Olmo

Petite **plage** (www.lidovillaolmo.it ; Via per Cernobbio 2 ; tarif plein/réduit 9/5 € ; ⌚9h-19h mi-mai à sept) sur laquelle on peut se prélasser au bord du lac, plonger dans des bassins en plein air, louer un bateau et siroter un cocktail avec une vue magnifique sur les montagnes voisines. Vous devrez emmener un bonnet de bain (ou vous en procurer un sur place) pour accéder aux bassins.

Navigazione Lago di Como

Toute l'année, des excursions en bateau sur le lac de Côme sont proposées par **Navigazione Lago di Como** (☎800 551801 ; www.navigazionelaghi.it ; Lungo Lario Trento). Des liaisons sont notamment assurées depuis Côme avec Bellagio et Piona, ainsi que des circuits à des tarifs allant de 7,60 à 25,20 € selon le trajet choisi.

Festivités de Noël

Bonne période pour visiter Côme, la foire de Noël **Città dei Balocchi** (⌚27 nov-6 jan) regroupe des dizaines d'activités, de belles illuminations, une patinoire et un marché de Noël sur la Piazza Cavour. Des concerts sont organisés dans la ville, on tire des feux d'artifice pour le réveillon du jour de l'An et le festival se termine par l'atterrissage théâtral de La Befana (sorcière du folklore italien qui apporte des cadeaux) sur la Piazza del Duomo pour l'Épiphanie (6 janvier).

Aero Club Como

Pour découvrir Côme d'en haut, offrez-vous une excursion en hydravion avec **Aero Club Como** (☎031 57 44 95 ; www.aeroclubcomo.com ; Viale Masia 44 ; vol de 30 min 1/2 pers 180 €). L'atterrissage et le décollage sont plutôt sportifs, et la vue est fantastique. Réservez 3 ou 4 jours à l'avance en été. Groupes jusqu'à 4 personnes.

Museo della Seta

Les soyeux de la région viennent toujours se former à l'Istituto Tecnico Industriale di Setificio, école technique du textile créée dans les années 1970. Elle abrite aussi le **musée de la Soie** (☎031 303 180 ; www.museosetacomo.com ; Via Castelnuovo 9 ; tarif plein/réduit 10/4-7 € ; 🕒14h-18h mar-dim), qui retrace l'histoire de la soie à Côme. Parmi les panneaux et objets illustrant les procédés de fabrication, on découvre les premiers outils utilisés pour la teinture et l'impression.

Basilica di Sant'Abbondio

Située environ 500 m au sud des remparts de Côme, cette **basilique** (Via Regina ; 🕒8h-18h été, 8h-16h30 hiver) romane du XIe siècle, ancien siège d'un évêché, fut bâtie sur les ordres de saint Amantius de Côme pour accueillir des reliques extrêmement précieuses de saint Pierre et de saint Paul. Admirez les très hautes fresques de l'abside, qui représentent des scènes de la vie du Christ, de l'Annonciation à la Mise au tombeau. Le cloître attenant héberge désormais une faculté de droit.

Teatro Sociale

Le **théâtre** (☎031 27 01 70 ; www.teatrosocialecomo.it ; Piazza Verdi, Via Bellini 3) néoclassique de Côme a été agrandi trois fois pour atteindre sa capacité d'accueil actuelle de 900 places. Une programmation fantastique avec opéra, danse et même concerts pop s'étend sur toute la saison hivernale. Des récitals gratuits ont lieu un dimanche par mois à 11h dans la superbe Sala Bianca.

Mercato Coperto

Foisonnant de pourvoyeurs en fruits, légumes, viandes, pain et fromages, le **marché couvert** (Via Giuseppe

Jardins de la Villa Olmo (p. 139)

Soie et histoire

Ramenés clandestinement de Chine dans un mât de bambou, les premiers vers à soie atteignirent l'Italie du Nord au XIIIe siècle. À l'époque, la plupart des paysans des berges du lac de Côme travaillaient dans des moulins à laine, mais voyant l'abondance des mûriers dans la plaine du Pô, quelques entrepreneurs astucieux comme Pietro Boldoni devinèrent son potentiel pour la sériciculture et établirent le premier moulin à soie de Côme au début des années 1500.

Bien que l'élevage de vers et la récolte de la soie requissent un travail acharné, cette culture s'imposa peu à peu comme un à-côté annuel pour les familles des classes inférieures et moyennes. Beaucoup d'entre elles risquaient leurs économies de l'année pour tenter de tirer profit de leur riche récolte. Des portions de ferme entières furent réaffectées aux vers, que femmes et enfants nourrissaient sans relâche et à la main de feuilles de mûrier jusqu'à ce qu'ils daignent tisser leurs cocons de soie. Pour faire une simple cravate, il fallait cent cocons.

Sirtori 1 ; 8h-13h mar et jeu, 8h-19h ven-sam) de l'époque fasciste est le principal (et le meilleur) de Côme. L'un de ses halls est dédié aux produits bio dont l'origine locale est bien définie. Ici, vous pourrez vous procurer poissons du lac, miel de montagne et fromages lombards rares.

Boutiques pittoresques

Jolie échoppe tenue par la créatrice de mode Simona Trombetta, **18 del Pero** (031 24 23 55 ; www.18delpero.com ; Via Adamo del Pero 18 ; 10h-13h et 15h-19h mar-sam) propose bijoux contemporains, chapeaux de paille faits main et écharpes en soie de Côme. Sis dans l'une des rues les plus pittoresques de la ville, **Lopez Vintage** (031 24 20 43 ; Via Vitani 32 ; 10h-13h et 15h-19h mar-sam, 15h30-19h dim-lun), un minuscule magasin qui passerait pour un coffret à bijoux, contient des articles vintage élégants, aux prix parfois élevés, mais introuvables ailleurs.

Pinacoteca Civica

Malgré cette désignation trompeuse, la **galerie d'art municipale** (031 26 98 69 ; Via Diaz 84 ; tarif adulte/réduit 5/3 € ; 10h-18h mar-dim) de Côme renferme une importante collection aux riches découvertes. Notons par exemple l'intérêt des fresques et de la sculpture du couvent Santa Margherita, de l'ensemble de portraits Renaissance donnés par Paolo Giovio et des étonnantes galeries du XIXe siècle au dernier étage. Ces dernières sont vouées à l'architecte rationaliste Antonio Sant'Elia, ainsi qu'au groupe de Côme (et notamment Manlio Rho), généralement considérés comme les maîtres italiens de l'art abstrait.

Carnet pratique

Avant de partir 146

Hébergement 146

Quand partir 146

Sites Internet 147

Arriver à Milan 147

Aéroport de Malpensa 147

Aéroport de Linate 147

Stazione Centrale 148

Comment circuler 149

Vélo 149

Métro 149

Tramway et bus 149

Taxi 150

Infos pratiques 150

Accessibilité 150

Argent 151

Cartes de réduction 151

Désagréments et dangers 151

Électricité 151

Heures d'ouverture 151

Jours fériés 152

Offices du tourisme 152

Téléphone 152

Urgences 152

Vue de la ville depuis le Duomo (p. 32) STEFANO BERTELLI/500PX ©

Avant de partir

Hébergement

Trouver une chambre à Milan n'est guère aisé, surtout à bas prix, notamment lors des salons d'exposition et des semaines de la mode. Certains services sont parfois facturés en supplément. Cela dit, des "tarifs spéciaux" en ligne peuvent se révéler des occasions surprenantes. L'office du tourisme distribue le guide annuel gratuit *Milano Hotels*.

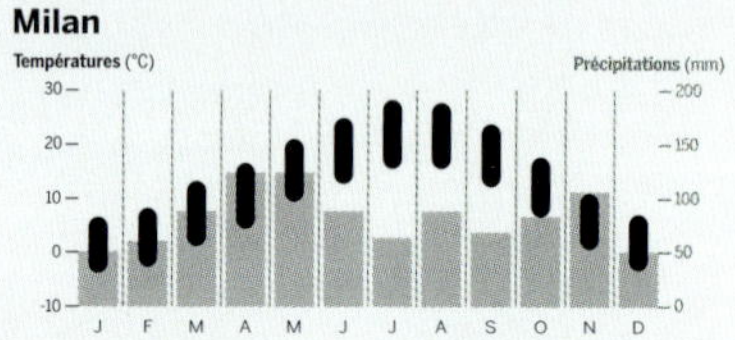

Quand partir

- **Mars-juin** Haute saison. Période du salon du Meuble et des Fashion Weeks.
- **Juil-août** Basse saison. On suffoque à Milan, et tout le monde se rend aux lacs.
- **Sept-oct** Saison du football, des nouvelles expositions et des défilés d'automne.
- **Nov-fév** Fête de saint Ambroise, début de la saison d'opéra, foires de Noël, soldes de janvier et Carnaval.

Petits budgets

Babila Hostel (☎ 02 3658 8490 ; www.babilahostel.it ; Via Conservatorio 2a ; dort à partir de 26 €, d/qua à partir de 99/119 € ; ❄ 📶 ; M San Babila). Auberge de jeunesse de style gothique grandiose.

Casa Base (base.milano.it ; Via Bergognone 34 ; dort avec/sans sdb 45-40 €, d 110-70 € ; ❄ 📶 ; M Porta Genova). Design branché des années 1950 par Stella Orsini et prix doux.

Ostello Bello (☎ 02 3658 2720 ; www.ostellobello.com ; Via Medici 4 ; dort 45-50 €, d 145-175 € ; ❄ 📶 🐾 ; 🚊 2, 3, 14). Bonne affaire avec terrasse et bar populaire.

Foresteria Un Posto a Milano (☎ 02 545 7785 ; www.unpostoamilano.it ; Via Cuccagna 2 ; ch à partir de 50 €/pers, 20 €/2-10 ans ; 📶 ; M Porta Romana). Logement façon séjour à la ferme avec jardin, adapté aux familles.

Catégorie moyenne

Maison Borella (☎ 02 5810 9114 ; www.hotelmaisonborella.com ; Alzaia Naviglio Grande 8 ; d 195-260 € ; ❄ 📶 ; M Porta Genova). Édifice d'époque qui surpasse ses voisins grandioses.

Atellani Apartments (☎ 340 951 9126 ; www.atellaniapartments.com ; Corso Magenta 65 ; app 1 lit 170-230 €, 2 lits 260-330 € ; P 📶 ; 🚊 16). Logez dans le palais Atellani, où couchait De Vinci.

Catégorie supérieure

Palazzo Parigi (☎ 02 62 56 25 ; www.palazzoparigi.com ; Corso di Porta Nuova 1 ; d/ste à partir de 756/954 € ; P ❄ 📶 🏊 ; M Turati). Glamour parisien à l'ancienne.

Bulgari Hotel (☎ 02 805 80 51 ; www.bulgarihotels.com ; Via

Privata Fratelli Gabba 7b ; d/ste à partir de 900/1 400 € ; ; Montenapoleone). Favori des mordus de mode.

Hotel Principe di Savoia (02 6 23 01 ; www.dorchestercollection.com ; Piazza della Repubblica 17 ; d/ste à partir de 450/780 € ; ; Repubblica). Opulence et luxe cinq-étoiles par le groupe Dorchester.

Four Seasons Milano (02 77 70 88 ; www.fourseasons.com/milan ; Via Gesù 6-8 ; d/ste à partir de 835/1 155 € ; ; Montenapoleone). Service cinq-étoiles idéalement situé.

Sites Internet

Cenacolo Vinciano (www.cenacolovinciano.org). Réservations pour *La Cène* avec Vivatickets.

Hello Milano (www.hellomilano.it ; en anglais). Informations sur les événements, expositions et concerts.

Lonely Planet (www.lonelyplanet.fr). Renseignements sur vos destinations, forum, etc.

Milan Tourism (www.yesmilano.it). Excellent portail touristique.

Vivi Milano (vivimilano.corriere.it). Restaurants et événements culturels sélectionnés par le *Corriere della Sera*.

Arriver à Milan

Aéroport de Malpensa

Principal aéroport international du nord de l'Italie, le **Malpensa** (MXP ; 02 23 23 23 ; www.milanomalpensa-airport.com ; Malpensa Express) est situé à 50 km au nord-ouest de Milan.

Le terminal 1 accueille les vols internationaux et intérieurs réguliers, tandis que le terminal 2 est dédié aux compagnies low cost comme easyJet.

Une navette gratuite relie les terminaux 1 et 2.

Train Le Malpensa Express (13 €) rejoint le centre-ville depuis les deux terminaux (50 minutes) toutes les 30 minutes entre 5h et 23h environ.

Bus Le Malpensa Shuttle (aller simple/AR 10/16 €) passe toutes les heures entre 5h50 et 0h50 environ.

Taxi Un taxi pour le centre de Milan (50 minutes) coûte 95 €.

Aéroport de Linate

L'**aéroport de Linate** (LIN ; 02 23 23 23 ; www.milanolinate-airport.com ; Viale Enrico Forlanini), à 7 km à l'est du centre-ville, accueille la majorité des vols intérieurs et européens.

Bus Des cars Airport Bus Express (aller simple/AR 5/19 €) rejoignent la Stazione Centrale (25 minutes) toutes les 30 minutes entre 8h30 et 21h30. Air Bus propose un service semblable.

City Bus Le bus ATM n°73 part pour la Via Gonzaga (2 €, 25 minutes) toutes les

Avertissement

Les informations contenues dans ce chapitre sont particulièrement susceptibles de changements.

10 à 20 minutes entre 5h30 et 0h35.

Taxi Entre 20 et 30 € selon votre destination.

Stazione Centrale

Des trains internationaux et à grande vitesse arrivent de France, de Suisse, d'Autriche et d'Allemagne à la **Stazione Centrale** (www.milanocentrale.it ; Piazza Duca d'Aosta ; 4h-1h ; M Centrale) de Milan.

Billetterie et consignes à bagages sont situées au rez-de-chaussée. Pour un trajet en Italie, achetez vos billets sur les machines tactiles et multilingues. Elles acceptent espèces et carte bancaire.

Les trains à grande vitesse *Freccia* et *Italo* qui desservent les principales villes italiennes ont leur propre salon d'information.

Depuis la France

Air France (36 54, 0,34 €/mn ; www.airfrance.fr) et sa filiale Hop ! assurent des vols réguliers quotidiens depuis Paris et d'autres villes françaises, à partir de 125 € l'aller-retour pour un Paris-Milan (1 heure 30). La compagnie low cost **Ryanair** (0892 562 150, 0,34 €/mn ; www.ryanair.com) effectue également des liaisons entre Paris Beauvais et Milan Bergame autour de 25 € aller-retour. **easyJet** (www.easyjet.com) propose des vols au départ de Paris à 60 € environ aller-retour.

La **SNCF** (09 70 60 99 60 ; www.oui.sncf) assure des liaisons quotidiennes en TGV entre Paris-Gare de Lyon et Milan (à partir de 29 € l'aller simple et 7 heures 46 de trajet).

La compagnie Thello qui assurait de nombreuses liaisons (notamment de nuit) entre la France et l'Italie a cessé ses activités en 2021.

Milan est accessible en bus à partir de nombreuses villes françaises, avec les compagnies **BlaBlaCar Bus** (www.blablacar.fr) et **Flixbus** (01 76 36 04 12 ; www.flixbus.fr). Comptez au moins 12 heures de trajet à partir de 28,99 € pour une liaison Paris-Milan.

Depuis la Belgique

- **ITA Airways** (www.itaspa.com), gérée par le gouvernement italien – et remplaçant Alitalia qui a fait faillite en 2021 – propose des directs Bruxelles-Milan (1 heure 25) à partir de 91 € aller-retour.
- **Brussels Airlines** (0902 51 600 ; www.brusselsairlines.com) offre des directs à partir de 56 € l'aller simple.

Avant de partir

Vous êtes ressortissant français ? Pensez à vous enregistrer sur le **portail Ariane** (pastel.diplomatie.gouv.fr/fildariane) du ministère des Affaires étrangères. Ce service gratuit vous permet de recevoir des alertes si la situation le justifie. Crise politique, catastrophe naturelle, attentat... recevez en temps réel des consignes de sécurité lors de votre voyage.

- **Ryanair** (☎ 0902 33 660 ; www.ryanair.com) propose des Bruxelles Charleroi-Milan Bergame à moins de 60 € aller-retour.

Depuis la Suisse

Au départ de Zurich, **Swiss** (☎ 0848 700 700 ; www.swiss.com) dessert Milan. Pour un direct Zurich-Milan (55 minutes), les tarifs commencent à 173 FS aller-retour. Des vols sont également assurés depuis Genève via Zurich.

La **CFF** (☎ 0900 300 300 ; www.cff.ch) assure des liaisons directes depuis Zurich (3 heures 15, à partir de 50 FS l'aller simple au tarif économique) et Genève (4 heures, à partir de 57 FS l'aller simple au tarif économique) pour Milan.

Depuis le Canada

Il n'existe pas de vol direct pour l'Italie au départ du Canada. Pour un vol Toronto-Milan avec 1 escale, comptez au moins 550 $C et une dizaine d'heures de voyage avec **Air Canada** (☎ 1 888 247 2262 ; www.aircanada.com), entre autres. Les conditions sont similaires au départ de Montréal, avec des tarifs sensiblement supérieurs.

Comment circuler

Vélo

- **BikeMi** (☎ 02 4860 7607 ; www.bikemi.it) est un système public de vélos en libre-service qui couvre toute la ville. Abonnez-vous aux différents services en ligne ou avec leurs applications. Vous pouvez aussi vous inscrire aux points d'information ATM (voir plus bas) des arrêts de métro Duomo, Cadorna ou Centrale.
- Si vous désirez votre "propre" vélo, envisagez d'en louer un auprès de **Rossignoli** (p. 77), plus ancien établissement du genre à Milan.

Métro

- Les transports publics milanais, dont le métro, sont assurés par l'**ATM** (Azienda Trasporti Milano ; ☎ 02 4860 7607 ; www.atm.it).
- Les liaisons circulent entre 5h30 (6h le dimanche) et 0h30.
- Il existe quatre lignes : la M1 (rouge) relie Duomo, Porta Venezia, Castello Sforzesco, Corso Magenta et Fiera. La ligne M2 (verte) raccorde Porta Garibaldi à Brera et aux Navigli. La M3 (jaune) relie Quadrilatero d'Oro à Porta Romana, et la ligne M5 (lilas) rattache le stade San Siro à Porta Garibaldi et à Isola.
- L'ouverture de la ligne M4 (bleue), qui devrait à terme relier la ville à l'aéroport de Linate, est prévue pour 2022 ou 2023.
- Le billet (2 €) est valable pour un trajet en métro. Les billets s'achètent aux distributeurs automatiques dans les stations, chez les marchands de journaux et les buralistes.
- Téléchargez l'application gratuite ATM pour obtenir le plan des lignes et les horaires.

Tramway et bus

- ATM (ci-contre) gère le métro et le tramway,

Billets et forfaits utiles

Plusieurs passes intéressants existent pour les transports publics :

Billet 1 jour Validité 24 heures, 7 €

Billet 3 jours Validité du 1er jour jusqu'à la fin de service du 3e jour, 12 €

Carnet de 10 billets Validité 90 minutes chacun, 18 €

ainsi que le réseau de bus.

- Le plan du réseau est disponible aux points d'information ATM, ou en téléchargeant l'application ATM.
- Les billets s'achètent aux distributeurs automatiques dans les stations, chez les marchands de journaux et les buralistes.
- Le billet (2 €) est valable 1 heure 30 dans les bus et tramways. Compostez-le en montant.
- Le vieux tramway no1 orange, avec des bancs en bois et des éléments d'origine, traverse le centre historique.
- Les tramways nos2 et 3 sont pratiques pour le tourisme, et les tramways nos9 et 10 décrivent une boucle autour du centre en passant par la Porta Venezia, Porta Genova et la Porta Garibaldi.
- Des liaisons nocturnes en bus circulent toutes les demi-heures entre 0h30 et 5h30 quand le métro est fermé.

Taxi

- Héler un taxi dans la rue est impossible, il faut aller aux stations officielles, généralement devant les gares ferroviaires, les grands hôtels et les places principales.
- Vous pouvez aussi appeler le ☎ 02 40 40, le 02 69 69 ou le 02 85 85.
- Quand vous commandez un taxi, le compteur tourne dès réception de l'appel et non au moment où vous montez.
- Une petite course en ville coûte 10 € en moyenne.
- Un tarif fixe est facturé pour les aéroports.

Infos pratiques

Accessibilité

Milan est la seule ville italienne ayant pour politique affichée de devenir accessible à tous. Cela dit, elle a encore beaucoup de progrès à faire, et se déplacer en fauteuil roulant y est parfois compliqué.

Pour les voyageurs à mobilité réduite, la société de transports publics ATM (p. 149) a mis en place des bus à plancher surbaissé sur de nombreux itinéraires, et certaines stations de métro sont pourvues d'ascenseurs adaptés. Pour des renseignements et itinéraires pour les curiosités accessibles, consultez le site Internet **Milano Per Tutti** (www.milanopertutti.it), disponible en anglais.

Téléchargez gratuitement le guide Lonely Planet *Accessible Travel* sur shop.lonelyplanet.com

Argent

Les DAB sont très répandus, et les cartes bancaires acceptées partout. Pour changer vos devises, votre passeport vous sera demandé.

Cartes de crédit

Les plus couramment acceptées sont les cartes Visa et MasterCard, suivies par Cirrus et Maestro. Pour American Express et Diners Club, renseignez-vous à l'avance.

Pourboires

En Italie, et contrairement à d'autres pays, le pourboire n'est d'ordinaire ni attendu ni exigé. Cependant, dans certaines circonstances, récompenser un bon service d'une somme à votre discrétion est apprécié (p. 24).

Cartes de réduction

Musei Civici di Milano (yesmilano.it ; 12 €). Billet valable 3 jours permettant une entrée pour une personne dans chacun des musées municipaux de Milan. En vente sur Internet et dans tous les musées de la ville.

Case Museo Card (casemuseo.it ; tarif plein/réduit 25/15 €). Accès à prix réduit aux quatre maisons-musées de Milan. En vente dans chacune d'elles et valable 1 an.

Musei Lombardia Milano (lombardia.abbonamentomusei.it ; tarif plein/réduit 45/40 €). Pour des excursions hors de la ville, carte régionale valable 1 an offrant des réductions sur 100 musées, villas et résidences royales de la région.

Désagréments et dangers

Milan est une destination sûre mais, comme dans toutes les grandes villes, il y a des pickpockets, surtout dans les gares ferroviaires et sur la Piazza del Duomo. Si vous êtes victime d'un vol ou d'un délit, portez plainte au poste de police le plus proche et remplissez les formulaires adéquats pour votre assurance. En cas de perte ou de vol de votre pièce d'identité, prenez contact avec votre ambassade.

Électricité

Prises standards à deux broches rondes :

- Voltage 220-230 V
- Fréquence 50 Hz
- Courant alternatif

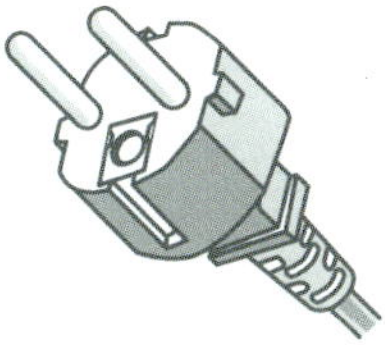

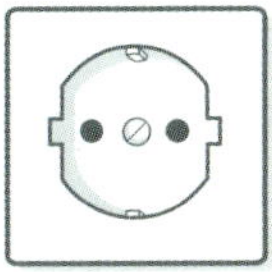

Type F
230 V/50 Hz

Heures d'ouverture

Les heures d'ouverture sont étendues en été. En août, de nombreux magasins et restaurants ferment plusieurs semaines ou ouvrent moins longtemps.

Banques 8h30-13h30 et 15h30-16h30 lun-ven.

Bars et discothèques 22h-4h ; ouvrent parfois plus tôt s'ils comportent des restaurants.

Cafés 7h30-20h ; la plupart servent des boissons alcoolisées en soirée.

Restaurants midi-14h30 et 19h30-23h ; fermeture plus tardive l'été ; la plupart ferment un jour de la semaine.

Magasins 9h-13h et 15h30-19h30 (ou 16h-20h) lun-sam ; les grands magasins sont ouverts à l'heure du déjeuner et le dimanche.

Jours fériés

Les banques, les bureaux et certains magasins ferment les jours fériés. Les restaurants, les musées et les sites touristiques restent généralement ouverts.

Nouvel An 1er janvier

Épiphanie 6 janvier

Lundi de Pâques mars/avril

Jour de la Libération 25 avril

Fête du Travail 1er mai

Fête de la République 2 juin

Assomption 15 août

Toussaint 1er novembre

Festa di Sant' Ambrogio 7 décembre

Immaculée Conception 8 décembre

Noël 25 décembre

Festa di San Stefano 26 décembre

Offices du tourisme

Office du tourisme de Milan (☎ 02 884 55555 ; yesmilano.it ; Piazza Duomo 14 ; ⏲ 10h-18h ; Ⓜ Duomo). Personnel anglophone serviable, plans et renseignements sur les expositions et les événements.

YESMilano Tourism Space (☎ 02 8515 5931 ; www.yesmilano.it ; Via dei Mercanti 8 ; ⏲ 10h-18h lun-ven ; Ⓜ Cordusio). Point d'information interactif.

Agenzia Nazionale del Turismo (www.enit.it). À l'étranger, ses bureaux pourront vous fournir des renseignements avant votre départ (italia.it) : France (☎ 01 42 66 03 96 ; 23, rue de la Paix, 75002 Paris), Belgique (☎ 02 647 11 54 ; c/o Ambasciata d'Italia, 28 rue Emile Claus, 1050 Bruxelles), Suisse (☎ 445440797 ; c/o Consolato Generale d'Italia, Todistrasse 65, 8002 Zurich), Canada (☎ 416 925 4882 ; 365 Bay Street, Suite 503, Toronto, Ontario M5H 2V1).

Téléphone

L'indicatif de l'Italie est le 39 et celui de Milan est le 02. Il fait partie intégrante du numéro et doit toujours être composé. Les numéros verts (gratuits), appelés *numeri verdi*, commencent par 800.

Téléphones portables

- L'Italie utilise le système GSM 900/1800, compatible avec le reste de l'Europe.
- Il n'y a pas de frais d'itinérance au sein de l'Union européenne.
- Pour acheter une carte SIM, vous devrez présenter une pièce d'identité et donner l'adresse de votre hôtel.

Urgences

Ambulance	☎ 118
Police	☎ 112
Pompiers	☎ 115

Langue

L'italien est la langue nationale, parlée dans tout le pays. Les dialectes constituent une part importante de l'identité régionale, mais vous n'aurez pas de mal à communiquer si vous vous exprimez en italien.

Tous les sons employés en italien existent en français. En lisant les prononciations indiquées ci-dessous comme s'il s'agissait de français, vous vous ferez comprendre. L'accent tonique est indiqué en italique. Notez aussi qu'il faut rouler les *r*.

Vous trouverez un guide de conversation italien sur **lonelyplanet.fr**. Il en existe également une version pour iPhone, téléchargeable via l'Apple Store.

Conversation et salutations

Bonjour.
Buongiorno. buonn·*djor*·no

Au revoir.
Arrivederci. a·ri·vé·*dèr*·tchi

Comment allez-vous ?
Come sta ? *ko*·mé sta

Bien. Et vous ?
Bene. E Lei ? *bé*·né é *lèï*

S'il vous plaît.
Per favore. pèr fa·*vo*·ré

Merci.
Grazie. *gra*·tsié

Pardon.
Mi scusi. mi *skou*·zi

Pardon (Je suis désolé).
Mi dispiace. mi dis·*pia*·tché

Oui./Non.
Sì./No. si/no

Je ne comprends pas.
Non capisco. nonn ka·*pi*·sko

Parlez-vous français ?
Parla francese ? *par*·la fran·*tché*·zé

Au restaurant

Je voudrais... *Vorrei...* vo·*rèï*

un café	*un caffè*	oun ka·*fè*
une table	*un tavolo*	oun *ta*·vo·lo
la carte	*il menù*	il mé·*nou*
deux bières	*due birre*	*dou*·é *bi*·ré

Que me conseillez-vous ?
Cosa mi consiglia ? *ko*·za mi kon·*si*·lia

Bon appétit !
Buon appetito ! buonn a·pé·*ti*·to

C'était délicieux !
Era squisito ! *é*·ra skoui·*zi*·to

Santé !
Salute ! sa·*lou*·té

L'addition, s'il vous plaît.
Mi porta il conto, per favore ? mi *por*·ta il *konn*·to pèr fa·*vo*·ré

Achats

Je voudrais acheter...
Vorrei comprare... vo·*rèï* komm·*pra*·ré

Je regarde seulement.
Sto solo guardando. sto *so*·lo gouar·*dann*·do

Combien ça coûte ?
Quanto costa questo ? — *kouann*·to *kos*·ta *kouè*·sto

C'est trop cher.
È troppo caro/cara. (m/f) — é *tro*·po *ka*·ro/*ka*·ra

Urgences

Au secours !
Aiuto ! — a·*iou*·to

Appelez la police !
Chiami la polizia ! — *kia*·mi la po·li·*tsi*·ya

Appelez un médecin !
Chiami un medico ! — *kia*·mi oun *mé*·di·ko

Je suis malade.
Mi sento male. — mi *sèn*·to *ma*·lé

Je suis perdu.
Mi sono perso/pèrsa. (m/f) — mi *so*·no *pèr*·so/*pèr*·sa

Où sont les toilettes ?
Dove sono i gabinetti ? — *do*·vé *so*·no i ga·bi·*nè*·ti

Heure et nombres

Quelle heure est-il ?
Che ora è ? — ké *o*·ra è

Il est (deux) heures.
Sono le (due). — *so*·no lé (*dou*·é)

matin	mattina	ma·*ti*·na
après-midi	*pomeriggio*	po·mé·*ri*·djo
soir	*sera*	*sé*·ra
hier	*ieri*	*ié*·ri
aujourd'hui	*oggi*	*o*·dji
demain	*domani*	do·*ma*·ni

1	*uno*	*ou*·no
2	*due*	*dou*·é
3	*tre*	tré
4	*quattro*	*koua*·tro
5	*cinque*	*tchinn*·koué
6	*sei*	*séï*
7	*sette*	*sè*·té
8	*otto*	*o*·to
9	*nove*	*no*·vé
10	*dieci*	*dié*·tchi
100	*cento*	*tchènn*·to
1 000	*mille*	*mil*·lé

Transports et directions

Ou est... ?
Dov'è... ? — do·*vè*

Quelle est l'adresse ?
Qual'è l'indirizzo ? — koua·*lè* linn·di·*ri*·tso

Pouvez-vous me montrer (sur la carte) ?
Può mostrarmi (sulla pianta) ? — pouo mos·*trar*·mi (sou·la *piann*·ta)

À quelle heure part... ?
A che ora parte... ? — a ké *o*·ra *par*·té

S'arrête-on à... ?
Si ferma a... ? — si *fèr*·ma a

Comment puis-je y aller ?
Come ci si arriva ? — *ko*·mé tchi si a·*ri*·va

bus	*autobus*	*aou*·to·bous
billet	*biglietto*	*bi*·*lié*·to
horaire	*orario*	o·*ra*·rio
train	*treno*	*tré*·no

En coulisses

Vos réactions ?

Vos commentaires nous sont très précieux pour améliorer nos guides. Notre équipe lit vos lettres avec la plus grande attention et prend en compte vos remarques pour les prochaines mises à jour. Pour nous faire part de vos réactions, prendre connaissance de notre catalogue et vous abonner à notre newsletter, consultez notre site Internet : **www.lonelyplanet.fr**

Nous reprenons parfois des extraits de notre courrier pour les publier dans nos guides ou sites Web. Si vous ne souhaitez pas que vos commentaires soient repris ou que votre nom apparaisse, merci de nous le préciser. Notre politique en matière de confidentialité est disponible sur notre site Internet.

Remerciements de l'auteur

Grazie mille à tous les sympathiques et chics Milanais qui m'ont livré les secrets de leur remarquable ville : Paola dalla Valentina, Luisa Zanardi, Claudio Galimberti, Isabella Menichini, Serena Tagliabue, Costanza Cecchini, Marco Rivolta et Federica de l'office du tourisme de Côme. Un hommage particulier au directeur Martinazzoli pour son aide et ses observations. Merci aussi à Anna Tyler pour m'avoir permis d'écrire ce guide et m'avoir soutenue à chaque instant, et à Rob pour avoir partagé ma vie sur la route.

Crédits photographiques

Photographie de couverture : Cathédrale de Milan, Italie.
© marcorubino / Adobe Stock
Photographies p. 26-7 (de haut en bas) : Matej Kastelic, Nadia Mikushova/Shutterstock ©

À propos de cet ouvrage

Cette 5e édition française de *Milan en quelques jours* est une traduction-adaptation de la 5e édition du guide Lonely Planet *Pocket Milan*, rédigée et documentée par Paula Hardy, qui a écrit les deux éditions précédentes.

Traduction
Kevin Thévenet

Direction éditoriale
Didier Férat

Responsable éditorial
Dominique Bovet

Responsable prépresse
Jean-Noël Doan

Coordination éditoriale
Claire Chevanche

Maquette
Valérie Police

Cartographie
Cartes originales adaptées en français par L'AFDEC

Couverture
Adaptée en français par Laure Wilmot

Remerciements à Sylvie Rabuel pour sa relecture, ainsi qu'à Noémie Lemaire pour son aide. Merci aussi à l'équipe du bureau parisien et notamment à Dominique Spaety pour son soutien. Enfin, merci à Luan Angel et Nigel Longuet à Londres, et à Jean-Pierre Masclef à Melbourne.

Index

Voir aussi les index des rubriques :
Se restaurer p. 158
Prendre un verre p. 159
Sortir p. 159
Shopping p. 159

A

Académie des beaux-arts de Brera 72
accessibilité 150
aéroports 25, 147
Aero Club Como 141
Antica Barbieria Colla 39
aperitivi 12
architecture 18, 66, 89
Arco della Pace 77
argent 24, 151
Armani Silos 123
art 16
ateliers Ansaldo 115
avion 147

B

Basilica di San Fedele (Côme) 139
Basilica di San Lorenzo Maggiore 47, 115
Basilica di Sant'Abbondio (Côme) 142
Basilica di Santa Maria delle Grazie 98, 103
Basilica di Sant'Ambrogio 47, 103
Basilica di Sant'Eustorgio 115
bateau, excursions en 113
Bellini, Giovanni 73
Biblioteca e Pinacoteca Ambrosiana 39, 47
Boeri, Stefano 89
Borromée, saint Charles 35
Borromeo 134
Borromeo III, comte Carlo 135
Bosco Verticale 89
Bramante, Donato 73
Bramantino 71
Brera, quartier de 69, **76**
prendre un verre 81
se restaurer 78
shopping 82
sortir 82
transports 69
voir 70, 77
Brunate (Côme) 141
budget 24
Bulgari Spa 80
bus 148, 149

C

Canaletto 75
canaux 112
Caravage, Le 75
cartes de crédit 151
cartes de réduction 151
Casa degli Omenoni 67
Casa della Memoria 87
Casa Galimberti 67
Casa Museo Boschi-di Stefano 55
Cattedrale di Como 139
Cattelan, Maurizio 103
Castello Sforzesco 47, 70
Cène, La 98
Chiesa di San Bernardino alle Ossa 128
Chiesa di San Maurizio 103
Chiesa di Santa Maria dei Miracoli e San Celso 127
Chiesa di Santa Maria presso San Satiro 40
Chiesa di San Vittore (îles Borromées) 137
Cimitero Monumentale 89
Città dei Balocchi 141
Civico Museo Archeologico 47, 104
Civico Planetario Ulrico Hoepli 56
climat 146
Côme (Como) 138, **140**
Corso Magenta, quartier de 97, **102**
prendre un verre 106
se restaurer 105
shopping 107
transports 97
voir 98, 103

D

désagréments et dangers 151
design 20
Duomo 32, 47
Duomo, quartier du 31, **38**
prendre un verre 42
promenade 46, **46**
se restaurer 41
shopping 44
sortir 43
transports 31
voir 32, 39

E

école d'Urbin 74
électricité 151
enfants, voyager avec des 21

F

Filarete 71
Fondazione Feltrinelli 89

Référence des **sites**
Référence des **cartes**

Fondazione Prada 127
formalités et visas 24
Francesca, Piero della 51, 74
funicolare Como-Brunate 141
Fuorisalone 123

G

Galleria d'Arte Moderna 55
Galleria Vittorio Emanuele II 44, 67
Gallerie d'Italia 39
Giardini Pubblici Indro Montanelli 56
Giardini Pubblici, quartier du 49, **54**
prendre un verre 60
promenade 52, **52**
se restaurer 57
shopping 62
transports 49
voir 50, 55
Giotto 73
Grande Museo del Duomo 35

H

handicapés, voyageurs *voir* accessibilité
Hayez, Francesco 39, 75
hébergement 146
heure locale 24
heures d'ouverture 151
histoire 19

I-J

I Bagni Misteriosi 132
Ieluzzi, Lino 108
Îles Borromées (Isole Borromee) 134
incontournables 6
informations pratiques 24, 150
Internet, sites 147
Isola Bella (îles Borromées) 135
Isola Madre (îles Borromées) 136
Isola, quartier d' 85, **88**
prendre un verre 92
promenade 86, **86**
se restaurer 89
shopping 95
sortir 94
transports 85
voir 89
Isola Superiore (îles Borromées) 137
itinéraires 22 *voir aussi* promenades à pied
jours fériés 152

L

lac de Côme (Lago di Como) 138
lac Majeur (Lago Maggiore) 134
langue 22, 153
Lido di Villa Olmo (Côme) 141
Lucchi, Michele de 87, 89
Luini, Bernardino 51, 73, 103

M

Mantegna, Andrea 71, 73
métro 25, 149
Michel-Ange 71
monnaie 24
Montorfano, Giovanni Donato da 99
Monumento ai Caduti (Côme) 139
MUBA 127
MUDEC (Museo delle Culture) 115
Musei d'Arte Antica 71
Museo Bagatti Valsecchi 53
Museo Civico di Storia Naturale 56
Museo dei Mobili 71
Museo della Seta (Côme) 141
Museo del Novecento 36
Museo Nazionale Scienza e Tecnologia 100
Museo Poldi Pezzoli 50
Museo Teatrale alla Scala 40
musique (live) 61, 62

N

Napoléon Ier 33, 70, 72, 74
Navigli, quartier de 111, **114**
prendre un verre 117
promenade 112, **112**
se restaurer 116
shopping 120
sortir 119
transports 111
voir 115

P

Palazzo Borromeo (îles Borromées) 135
Palazzo Citterio 75
Palazzo d'Arte 77
Palazzo dell'Arengario 37
Palazzo Madre (îles Borromées) 137
Palazzo Morando 53
Palazzo Parigi Grand Spa 80
Parco Sempione 77
Parco Sempione, quartier du 69, **76**
prendre un verre 81
se restaurer 78
shopping 82
sortir 82
transports 69
voir 70, 72, 77
pavillon UniCredit 89
Pelli, César 87, 89
Piazza degli Affari 103
Piazza Gae Aulenti 87, 89
Piazzale Lagosta 87
Pinacoteca Civica (Côme) 143
Pinacoteca di Brera 72
Poldi Pezzoli, Gian Giacomo 51
Ponti, Gio 55, 67, 77
Porta Garibaldi, quartier de 85, **88**
prendre un verre 92
promenade 86, **86**
se restaurer 89
shopping 95
sortir 94
transports 85
voir 89
Portaluppi, Piero 37, 55, 56, 67
Porta Romana, quartier de 125, **126**
prendre un verre 131
se restaurer 128
shopping 133
sortir 132
transports 125
voir 127
Porta Vittoria, quartier de 125, **126**
prendre un verre 131
se restaurer 128
shopping 133
sortir 132

transports 125
voir 127
pourboires 24, 151
promenades à pied
Milan historique 46, **46**
Promenade de week-end 86, **86**
Shopping à la milanaise 52, **52**
Vie sur les canaux 112, **112**
Voyage architectural 66, **66**
Zona Tortona 122, **122**

Q

Quadrilatero d'Oro, quartier du 49, 67, **54**
prendre un verre 60
promenades 52, 66, **52**, **66**
se restaurer 57
shopping 62
transports 49
voir 50, 55

R

Raphaël 75
réductions 21, 151
restaurants 10
Rossignoli 77
Rotonda della Besana 127

S

San Babila, quartier du 31, **38**
prendre un verre 42
se restaurer 41
shopping 44
sortir 43
transports 31
voir 32, 36, 39
San Maurizio (Côme) 141
Sant'Ambrogio, quartier de 97, **102**
prendre un verre 106
se restaurer 105
shopping 107
transports 97
voir 98, 100, 103
Santuario di Santa Maria alla Fontana 87
Scala, la 115
Sforza, Francesco 71
Sforza, Ludovico 40, 101, 103
shopping 14, 52
soie 142, 143
Stazione Centrale 67, 148
street art 87
street food 118
Studio di Fonologia Musicale (RAI Milan) 62
Studio Museo Achille Castiglioni 78
Superstudio Più 123

T-U

taxi 25, 150
Teatro Sociale (Côme) 142
téléphone 24, 152
Tempio della Vittoria 47
Tibaldi, Pellegrino 33, 35
Tintoret, le 73
Titien 73, 136
Tonsor Club 80
Torre Branca 77
Torre Pirelli 55, 67
Torre Velasca 127
tour Ansperto 104
tour UniCredit 89
train 148
tramway 25, 159
transports 25, 147, 149
Triennale di Milano 77
urgences 152

V

vélo 25, 149
Véronèse 73, 136
Via Carmagnola 87
Via della Spiga 53
Via Monte Napoleone 53
Via Pollaiuolo 87
Via Thaon di Revel 87
Vigna di Leonardo, la 104
Villa Gallia (Côme) 139
Villa Necchi Campiglio 55, 67
Villa Olmo (Côme) 139
Villa Saporiti (Côme) 139
Villa Taranto (îles Borromées) 137
Vinci, Léonard de 39, 71, 98, 101
Visconti, Barnabé 71
Visconti, Giangaleazzo 32, 47

Se restaurer

10 Corso Como Café 91
Albergo Verbano (îles Borromées) 137
Antica Trattoria della Pesa 91
A Santa Lucia 41
Basara 116
Berberè 90
Borgospesso 1 58
Botanical Club 123
Cafè del Binari 123
Casabella (îles Borromées) 137
Casa Ramen Super 89
Cavoli a Merenda 105
Chic & Go 57
Corsia del Giardino 58
Cracco 42
Da Rita e Antonio 105
De Santis 105
Dim Sum 59
Eataly 92
Elvezia 135
Fioraio Bianchi Caffè 80
Fonderie Milanesi 113
Gattullo 113
Gelato Giusto 57
Giacomo Arengario 37
Giannasi dal 1967 128
Gino Sorbillo 116
Iginio Massari 41
Il Baretto al Baglioni 58
Il Salumaio di Montenapoleone 59
Joia 60
La Brisa 106
La Ravioleria Sarpi 90
LatteNeve 116
Latteria di San Marco 79
L'Orto di Brera 78
LùBar 58
Luini 41
Macelleria Popolare 118

Référence des **sites**
Référence des **cartes**

NÚN 57
Osteria del Binari 117
Osteria del Gallo (Côme) 139
Osteria del Treno 58
Osteria la Carbonaia 105
Pastamadre 130
Pasticceria Cova 53
Pasticceria Cucchi 116
Pasticceria KNAM 129
Pasticceria Marchesi 105
Pasticceria Sissi 128
Pavé 57
Pavé Ice-cream 128
Potafiori 131
Pronobis (Côme) 139
Ratanà 90
(R)esistenza Casearia 118
Ristorante Berton 90
Ristorante da Giacomo 131
Ristorante Solferino 80
Rovello 18 78
Salumeria Le Tre Regioni 78
Savini 67
Seta 79
Sixième Bistrò 116
Spazio 41
Trattoria Aurora 123
Trattoria da Pino 41
Trattoria del Pescatore 129
Trattoria Milanese 42
Trattoria Trippa 129
Un Posto a Milano 130
VIVA 92
Volemose Bene 79

Prendre un verre

Alcatraz 94
Apollo Club 113
Armani Privé 60
Bamboo Bar 60
Bar Basso 61
Bar Bianco 71
Bar Magenta 47
Bar Rita 118
B Cafè 43
Biffi Pasticceria 107
Botanical Club 93
Bottiglieria Bulloni 106
Camparino 42
Cantine Isola 92
Ceresio 7 92
Dry 81
Enoteca Castiglioni (Côme) 139
Frida 93
HClub Diana 60
LambicZoon 131
Mag Cafè 119
N'Ombra de Vin 81
Nottingham Forest 131
Octavius Bar 93
oTTo 92
Pandenus 61
Pasticceria Marchesi 42, 60
Piccolo Teatro Strehler 82
Radetzky Café 81
Ricerca Vini 106
Rocket 119
Rufus Cocktail Bar 106
Sant'Ambroeus 61
Straf Bar 42
The Spirit 131
Ugo 119
Vinoir 117
VOLT 118

Sortir

Auditorium di Milano 119
Blue Note 94
Conservatorio di Musica Giuseppe Verdi 132
La Fabbrica del Vapore 94
Nidaba Theatre 119
Piccolo Teatro Grassi 44
Santeria Social Club 132
Teatro alla Scala 43
Teatro Franco Parenti 132
Tunnel 61

Shopping

10 Corso Como 95
18 del Pero (Côme) 143
43 Cycles 62
Al Bazar 108
Alessi 53
Altalen 133
Aspesi 62
Atelier VM 109
Biffi 120
Borsalino 64
Camiceria Olga 133
Car Shoe 64
Cavalli e Nastri 82
Ciasmo 133
Claudio Calestani 95
Culti 65
Deus Ex Machina 95
Dictionary 121
DMag 64
Doriani 63
Etro 64
Foto Veneta Ottica 120
F. Pettinaroli 82
Frip 120
Galleria L'Affiche 109
Galleria Vittorio Emanuele II 44
Gallo 65
Il Cirmolo 82
Imarika 62
La Rinascente 45
Larusmiani 63
Libreria Internazionale Hoepli 44
Lopez Vintage (Côme) 143
Malìparmi 83
Mania Vintage 133
marché alimentaire (Darsena) 113
marché couvert de Côme 142
Mauro Leone 121
Mercatore Antiquario di Navigli 113
MUST Shop 101
NonostanteMarras 123
One Block Down 45
Peck 44
Pellini 108
Profumeria Vecchia Milano 109
Pupi Solari 109
Rigadritto 82
Risi 109
Sermoneta 64
Spazio Rossana Orlandi 107
Stiù 120
Taschen 108
The Slowear Store 83
Wok 120
Zaini 95

L'auteure

Paula Hardy

Paula Hardy est auteure de guides de voyage indépendante et consultante éditoriale. Son travail pour Lonely Planet et d'autres publications phares l'a menée des camps de nomades de la dépression Danakil aux cabanes de plage des Seychelles, en passant par le bar aux allures de bijou du palais Gritti sur le Grand Canal. En une vingtaine d'années, elle a rédigé plus de 30 guides Lonely Planet, et elle a été pendant 5 ans apporteuse de projets pour les guides Lonely Planet sur l'Italie, très populaires. Aujourd'hui, elle est toujours en quête de nouveaux hôtels, bars branchés et artisans pleins d'avenir, notamment à Milan, Venise et Marrakech. Vous pouvez prendre contact avec elle sur www.paulahardy.com.

Milan en quelques jours
5e édition
Traduit et adapté de l'ouvrage *Pocket Milan, 5th edition, March 2022*

92 avenue de France - 75013 Paris
Photographes © comme indiqué 2022
Dépôt légal Avril 2022
ISBN 978-2-81619-537-8
Imprimé par Estimprim, Autechaux, France
Réimpression 02, janvier 2023

En Voyage Éditions | un département édi8